봄날 말씀 묵상

Truth for Life: 365 Daily Devotions - Vol.1
by Alistair Begg

First published by The Good Book Company
with the title of *Truth for Life - Vol.1: 365 Daily Devotions*
Copyright © 2021 Alistair Begg
All rights reserved.

Korean Edition published by Word of Life Press, Seoul 2024.
Translated and published by permission.
Printed in Korea.

이 책은 *Truth for Life: 365 Daily Devotions - Vol.1*의 68~159쪽 내용을 분권 출간한 것입니다.

봄날 말씀 묵상

© 생명의말씀사 2024

2024년 1월 25일 1판 1쇄 발행

펴낸이 | 김창영
펴낸곳 | 생명의말씀사

등록 | 1962.1.10. No.300-1962-1
주소 | 서울시 종로구 경희궁1길 6 (03176)
전화 | 02)738-6555(본사) · 02)3159-7979(영업)
팩스 | 02)739-3824(본사) · 080-022-8585(영업)

기획편집 | 유영란, 최은용
디자인 | 한예은, 조현진
인쇄 | 영진문원
제본 | 다온바인텍

ISBN 978-89-04-16868-2 (04230)
      978-89-04-70085-1 (세트)

저작권자의 허락 없이 이 책의 일부 또는 전체를
무단 복제, 전재, 발췌하면 저작권법에 의해 처벌을 받습니다.

from Truth for Life

봄날 말씀 묵상

알리스테어 벡 지음 | 이선숙 옮김

생명의말씀사

추천의 글

"매일 말씀을 읽는 훈련은 하나의 반복적인 일상이 되거나 하나의 일거리처럼 되기 쉽다. 그래서 익숙한 성경 이야기를 새롭게 제시하고, 많은 생각을 하도록 이끄는 훌륭한 안내자의 도움이 필요하다. 이 책이 바로 그렇다. 이 책은 우리가 좀 더 분명하게 사고하고, 하나님을 더욱 뜨겁게 사랑하고, 보다 경건하게 행동하도록 돕는다. 성경 묵상에 대한 내면의 열정이 다시 불붙을 것이다."

칼 트루먼(Carl R. Trueman), 그로브시티칼리지 성경학과 및 종교학과 교수

"매일 묵상집은 성경을 매일 읽고 묵상하는 습관을 기르는 데 큰 도움이 된다. 그중에서도 이 책은 정말 순금과 같다. 알리스테어 벡은 숙련된 영혼의 외과 의사처럼 성경 말씀과 우리 마음을 예리하게 해부한다. 우리 시대 최고의 설교가로부터 나오는 매일의 놀라운 지혜가 있다. 이런 책이 어찌 마음과 생각에 생명을 공급하는 영양분이 되지 않겠는가?"

데릭 토머스(Derek W. H. Thomas), 콜롬비아제일장로교회 목사,
리폼드신학교 학장, 『익투스』 저자

"영적 건강의 척도가 되는 매일 성경 읽기를 하는 데 이 책이 엄청난 도움이 되었다. 말씀 구절이 내 상황에 맞게 새롭게 이해되었고 또 어떤 날에는 해석을 읽으며 더 깊은 묵상을 할 수 있었다. 교회에서 제자 양육을 도울 수 있는 정말 좋은 선물이다."

리코 타이스(Rico Tice), 런던 랭햄 플레이스의 올솔스교회 수석목사,
『교회를 섬기는 당신에게』 저자

"성경에 있는 하나님의 말씀을 깨닫고 경험하도록 도와줄 지혜롭고 섬세한 안내서를 찾는다면 이 책에 푹 빠지게 될 것이다. 매일의 묵상이 보석 같다. 말씀의 빛이 우리 생각과 감정과 행동을 비추어준다. 정말 유익한 책이다!"

존 우드하우스(John Woodhouse), 호주 시드니 소재 무어신학교 전(前) 학장

"알리스테어 벡의 묵상은 단순하면서도 심오하고, 짧으면서도 풍성하고, 도전적이면서도 용기를 준다. 삶의 모든 영역을 다루며 구별된 삶을 살도록 도와주고 변화된 삶을 살도록 이끈다. 개인적으로 하든 여럿이 하든 가장 이상적인 묵상집이 될 것이다."

팀 챌리스(Tim Challies), Cruciform Press 설립자, 『한눈으로 보는 비주얼 성경 읽기』 저자

"알리스테어 벡은 성경을 잘 알 뿐 아니라 거기에 사랑을 담아 영혼의 치료제를 만들어낸다. 이 책은 명료한 신학을 이해하기 쉽게 전달해 우리의 생각을 더욱 깊게 하고, 그리스도의 아름다움을 드러내 우리 마음을 따스하고 풍요롭게 한다. 저자가 수년간 성경을 연구하고 사람들을 돌보며 얻은 열매이기에 영혼에 큰 유익이 될 것이다."

크리스토퍼 애쉬(Christopher Ash), 틴데일하우스 레지던스 작가, 성경 교사, 『분노』 저자

"이 책은 기쁠 때는 찬양하게 돕고, 고군분투할 때는 위로를 주고, 의심이 들 때는 격려하고, 상처가 났을 때는 치료제가 된다. 하나님이 말씀 안에서 드러내시는 그분의 영광과 선하심을 볼 수 있도록 날마다 우리를 이끈다. 누구든 이 책에서 엄청난 보화를 발견하게 될 것이다."

키스 & 크리스틴 게티(Keith & Kristyn Getty), 찬양 사역자, 게티뮤직 설립자

들어가는 글

하나님의 말씀은 영광스러운 선물이다. 우리 아버지께서는 우리가 그분의 아들을 알고 우리가 그분의 진리에 순종하여 성령님의 능력 안에서 살도록 우리에게 말씀을 주셨다.

잠시 멈춰서 그 의미를 생각해 보자. 성경을 읽는다는 것은 온 우주의 창조주가 피조세계를 향해 하신 말씀을 다루는 것이다. 그분의 말씀이 없다면 우리는 우리 자신이나 우리가 사는 세상 또는 그 어떤 것도 이해할 수 없다. 신문을 읽을 때, 세상 돌아가는 것을 이해하려고 애쓸 때, 우리 역사와 미래를 바라볼 때 모든 것을 잘 처리하고 싶다면 우리에게 필요한 것은 바로 성경이다. 하나님의 말씀은 우리가 매일의 삶을 항해할 때 필요한 진리를 제공할 뿐 아니라 진정한 생명을 찾게 해주는 바로 그분을 바라보게 한다.

그래서 이 묵상집은 날짜와 제목 바로 아래에 가장 중요한 말씀을 배치했다. 그것은 살아계시고 다스리시며 영원하신 하나님의 말씀이다. 하나님이 영감을 불어넣으신 그 말씀 밑에 해설을 달아놓은 이유는 하나님의 말씀을 설명하고, 그 말씀으로 격려하고, 그 말씀이 어떻게 삶의 모든 영역에서 우리가 그리스도를 위해 살아가도록 영감을 주고 준비시키는지 묵상하기 위해서다. 성경은 하나님의 말씀에 대해 "너로 하여금 그리스도 예수 안에 있는 믿음으로 말미암아 구원에 이르는 지혜가 있게" 하고 "교훈과 책망과 바르게

함과 의로 교육하기에 유익하니 이는 하나님의 사람으로 온전하게 하며 모든 선한 일을 행할 능력을 갖추게 하려"(딤후 3:16-17)는 것이라고 말한다.

이 책은 '매일' 묵상하도록 쓰였는데, 사람은 떡으로만 살 수 없고 하나님의 입에서 나오는 모든 말씀으로 살기 때문이다(마 4:4). 즉, 하나님의 말씀이 우리를 날마다 지탱해준다. 우리의 육체적 건강을 위해 음식이 필요하듯이 우리의 영적 건강을 위해서는 하나님의 말씀이 꼭 필요하다.

어떤 날은 하나님의 말씀을 읽는 것이 즐거울 수 있지만 또 어떤 날은 의무처럼 느껴지기도 할 것이다. 하지만 하나님의 말씀은 날마다 꼭 필요하다. 운동과 같다고 생각하자. 육상 선수라면 트랙을 도는 것이 기분 좋을 때도 있지만 힘들어서 억지로 해야 하는 날도 있을 것이다. 아마도 대부분의 사람들이 하나님의 말씀을 묵상하는 시간이 굉장할 거라는 기대를 하며 매일 아침 자리에서 일어나지는 못할 것이다. 성경을 읽을 때마다 감동을 받아야 한다고 생각하거나 성경을 열기만 해도 '복을 받아야 한다'고 생각한다면, 아마도 간신히 어쩌다 한 번씩 읽거나 성경 읽기에 실망하고 말 것이다. 하나님의 말씀을 읽고 묵상하다 보면 무언가가 느껴지고 기쁘고 흥분되는 시간이 있을 것이다. 하지만 그런 시간들이 매일 혹은 여러 날 지속되지 않는다고 해도 걱정지 말라. 매일 의지적으로 성경으로 돌아가자. (성경 읽는 습관에서 벗어난 것

같으면 그냥 다시 시작하면 된다.) 왜냐하면 하나님의 말씀은 살아있고 활력이 있어서 우리의 마음이 감지하는 것보다 훨씬 더 깊고 심오한 방법으로 우리 안에서 일하기 때문이다.

그리고 성경 말씀은 우리의 생각과 마음과 삶을 달라지게 한다(반드시 그렇게 될 수밖에 없다). 그래서 묵상 맨 아래에 다음 세 가지 아이콘을 넣었다. 이 아이콘을 볼 때마다 스스로에게 이렇게 말하라. "이제 이 말씀을 읽었으니…."

 하나님은 내가 어떻게 다르게 생각하기를 원하실까?
 하나님은 내 마음의 사랑(내가 사랑하는 것)이 어떻게 재정리되기 원하실까?
 하나님은 오늘 내가 무엇을 실천하기 원하실까?

매일 이 세 가지 질문에 모두 답할 수 없을지도 모른다. 하지만 이 질문을 던지다 보면 하나님의 성령께서 우리의 생각과 마음과 삶에 대해 무엇이라고 말씀하시는지 알게 된다. 그러면 그날 읽은 말씀에 반응하여 기도하는 데에도 큰 도움이 될 것이다. 이 아이콘 옆에는 그날 묵상할 내용과 연관된 성경 구절을 제시했다. 시간이 있으면 그 구절도 찾아보며 하나님의 말씀에 더 깊이 들어가 보기 바란다.

하나님의 말씀은 우리에게 필요한 말씀이다. 그래서 기도하기는, 매일 이 말씀들을 읽으면서 하나님의 사랑하는 자녀인 여러분의 인생이 변화될 수 있으면 좋겠다. 하나님의 성령께서 그분의 말씀을 통해 여러분에게 그분의 아들을 보여주시리라 믿는다. 여러분도 그렇게 기도하지 않겠는가? 내 친구 키스 게티와 스튜어트 타운엔드의 말을 빌려 다음과 같이 기도하면서 매일 묵상을 시작하면 좋겠다.

하나님의 살아있는 호흡이신 성령님,
내 영에 새 생명을 불어넣으소서.
부활하신 주님의 임재로 인하여
내 마음이 새로워지게 하시고 나를 온전하게 하소서.
당신의 말씀이 내 안에 살아있게 하소서.
볼 수 없는 것을 믿게 하소서.
당신의 순결을 갈망하게 하소서.
성령님, 내 안에 새 생명을 불어넣으소서.

March

3월

3월 1일
우리 영혼의 보루

"찬송하리로다 하나님 곧 우리 주 예수 그리스도의 아버지께서 그리스도 안에서 하늘에 속한 모든 신령한 복을 우리에게 주시되 곧 창세 전에 그리스도 안에서 우리를 택하사 우리로 사랑 안에서 그 앞에 거룩하고 흠이 없게 하시려고 그 기쁘신 뜻대로 우리를 예정하사 예수 그리스도로 말미암아 자기의 아들들이 되게 하셨으니"(엡 1:3-5)

하나님은 우리를 아주 오래전부터 사랑하셨다.

바울이 에베소 교인에게 보낸 편지 서두에 나오는 놀라운 찬양은, 하나님이 그리스도 안에서 우리를 위해 행하신 일들이 얼마나 경이로운지 말해준다. 바울은 특히, 우리가 존재하기 전부터 하나님이 우리를 그분께로 인도하기 위해 주도적으로 일하셨다고 강조한다. 우리는 인간적인 노력으로 하나님을 찾아야 한다고 믿고 싶은 유혹을 받고, 사실 많은 종교가 그렇게 가르친다. 하지만 성경은 처음부터 하나님이 우리를 찾으셨다고 가르친다.

우리가 그리스도 안에서 선택받은 것은 역사가 시작된 이후의 일이 아니다. 그것은 창조 이전, 영원한 과거로 거슬러 올라간다. 물론 우리는 그리스도를 따르기로 결심해야 하지만, 하나님이 창세 전에 우리를 선택하지 않으셨다면 결코 우리는 하나님을 선택할 수 없다. 이를 깨닫는 것이 진정한 겸손이다. 하나님이 먼저 우리를 자녀 삼기로 결심하지 않으신다면 우리는 그분을 따를 수 없다.

'인간의 책임'과 '하나님의 주권' 사이에는 미묘한 긴장감이 있다. 사실 둘 다 성경적이고 서로 연결되어 있는데, 많은 사람이 이 둘 사이에서 선택해야 한다고 믿는다. 이 둘은 유한하고 인간적인 우리의 생각으로는 양립할 수 없어 보이지만, 둘 다 완전한 사실이며 나란히 놓인 두 가지 진리다. 둘의 관계를 머리로 따지며 고민할 필요가 없다. 그저 우리에게 베푸신 전능하신 하나님의 사랑에 놀라며 경배하는 것으로 우리의 반응은 족하다.

예정론은 우리가 행진할 때 드는 깃발이 아니라 우리 영혼의 보루다.[1] 그러므로 우리는 온전히 안전하고 온전히 기뻐할 수 있다. 시간의 여명이 움트기도 전에 예수님이 먼저 우리를 사랑하셨다. 이것이 그리스도 안에서 우리가 갖게 된 정체성이다. 이를 겸손히 인정하고 나면 자유와 확신을 얻는다. 내가 왜 그분의 놀라운 사랑을 받게 되었는지 이해하기 위해 자기 안에서 어떤 이유를 찾아내려고 애쓰지 않아도 된다. 그분이 우리를 사랑해서 선택하셨다는 것을 알고 그저 기뻐하면 된다.

우리는 죄에 짓눌리거나 신앙적으로 발전이 없다고 무너질 필요가 없다. 그분의 사랑은 결코 우리의 행위나 더 잘하겠다는 약속에 근거한 것이 아니기 때문이다. 우리는 모든 것을 창조하고 주관하시는 분의 사랑을 받고 있음을 확신하며 인생의 굴곡들을 살아내면 된다. 우리의 능력으로 그분의 사랑을 얻어낸 것이 아니듯, 그분의 사랑은 결코 우리의 무엇 때문에 잃을 수 없다.

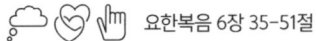 요한복음 6장 35-51절

3월 2일

빈손

"그리스도께서 우리를 위하여 저주를 받은 바 되사
율법의 저주에서 우리를 속량하셨으니
기록된 바 나무에 달린 자마다 저주 아래에 있는 자라 하였음이라
이는 그리스도 예수 안에서 아브라함의 복이 이방인에게 미치게 하고
또 우리로 하여금 믿음으로 말미암아 성령의 약속을 받게 하려 함이라"(갈 3:13-14)

우리는 예수님을 믿음으로써 엄청난 죄의 저주에서 구원받은 자들이다. 하나님 앞에서 죄를 지었기에 우리는 죽어 마땅하다는 이 저주가 예수 그리스도에 의해 옮겨졌다. 이 사실을 아는 순간, 우리는 구원의 경이로움에 사로잡힌다.

하지만 구원받은 후에는 그 경이로움이 빛을 잃고 그 사로잡힘이 느슨해지기 쉽다. 즐겁고 안락한 삶에 너무 쉽게 빠진 나머지 죄가 우리를 붙들고 있는 것을 보지 못한다. 결혼생활이나 일, 관계와 성취에 있어서 자신이 조금만 더 노력하면 좋은 사람이 되어 복을 누리게 될 거라고 여긴다. 이처럼 우리는 믿는 자들이 아니라 성취하는 자들이 되고 싶어 한다. 계속해서 '자기 노력'이라는 가짜 종교로 되돌아가려는 유혹을 받는다.

갈라디아 교회도 이런 유혹을 받았다. 그래서 바울은 편지를 써서 "그것은 기독교의 메시지가 아니다"라고 말했다. 사실 기독교의 메시지는 정반대다! 복음이 다만 예수님이 우리에게 부족한 무언가를 채워주러 오셨다는 것이라면, 율법의 저주는 문제가 안 되거나 해결되지 못했을 것이다. 하지만 율법의 저주는 실제이며, 반드시 해결되어야 한다. 그분이 받은 저주가 사실은 우리가 받아야 했던 저주라는 사실을 모른다면, 우리가 왜 우리 대신 죽은 그분께 관심을 가지겠는가?

모세의 율법을 보면 저주의 결과를 알 수 있다(참조. 출 20:1-17). 율법은 우리가 얼마나 온 마음을 다해 하나님을 사랑하지 않는지를 드러낸다. 우리는 그분께 순종하지 않는다. 다른 사람을 우리 자신처럼 사랑하지 않는다. 항상 진실만을 말하지 않는다. 시기한다. 죄의 목록은 끝이 없다. 하나님의 영께서 우리의 죄를 깨닫게 하시며 우리의 약점을 보게 하실 때, 우리는 다음의 찬송가 가사처럼 노래한다. "내가 공을 세우나 은혜 갚지 못하네."² 한때 우리 위에 놓였고 여전히 우리 위에 놓여 있어야 할 그 저주의 무게를 제대로 보게 될 때, 그제야 우리는 그 저주의 짐을 없애기 위해 오신 예수 그리스도를 모든 영광 중에 계신 우리의 구원자로 볼 수 있다.

이것이 우리 믿음의 핵심이다. 십자가를 바라보고 예수님이 어떻게 거기에 매달리셨는지 볼 때, 우리는 그분이 하신 일이 반드시 필요한 일이며 자발적으로 하신 일이었음을 깨닫는다. 그분은 우리가 서야 할 자리에 서셨다. 이것이 은혜다.

우리가 자신의 노력으로 하나님과 바른 관계를 맺을 수 있었다면 구원이 놀라울 것도 없고 양자 됨이 아름다울 것도 없다. 그러므로 자기 자신과 스스로가 한 일을 보려는 유혹을 받을 때 그리스도께서 그 저주를 깨뜨리셨음을 기억해야 한다. 그러면 그 경이로움 안에서 영광을 돌릴 수 있다. 처음 은혜 받았던 때가 언제였든지 이제 새로운 마음으로 이렇게 노래해 보라.

내 손에 아무것도 드릴 것 없어서,
그저 당신의 십자가를 붙듭니다.

 갈라디아서 2장 15절-3장 9절

3월 3일

영혼의 쉼

"그러므로 우리는 두려워할지니 그의 안식에 들어갈 약속이 남아 있을지라도
너희 중에는 혹 이르지 못할 자가 있을까 함이라
그들과 같이 우리도 복음 전함을 받은 자이나
들은 바 그 말씀이 그들에게 유익하지 못한 것은
듣는 자가 믿음과 결부시키지 아니함이라"(히 4:1-2)

많은 그리스도인이 노는 것은 잘하는데 쉬는 것은 잘하지 못한다. 왜 그럴까? 아마도 우리의 문화가 끊임없이 더 높은 성공과 번영을 추구하는 데 큰 가치를 두기 때문이다. 심지어 우리의 여가도 향상과 성취라는 욕망과 추구로 가득 차 있다. 이러한 현상 저변에는 모든 문화가 가진 고통, 즉 우리를 창조하시고 우리를 일하며 쉬게 하신 하나님과의 분리가 자리 잡고 있다.

죄가 세상에 들어왔을 때 쉼은 인류를 떠났다. 우리가 인간에 대해 무엇이라 정의하든, 차분함이나 평안함은 인간의 특징이 아니라는 사실을 부인하기 힘들다. 그저 잠깐의 평화로운 시간을 얻어내려고 열심히 일한다거나 여가 시간에도 할 일들이 가득 차 있다면 그것은 쉼이 아니다. 분명 하나님이 원하시는 쉼은 이런 것이 아니다.

하나님은 우리 영혼을 평안하게 하는 쉼을 주신다. 영혼의 쉼은 믿음으로 하나님께 항복한 삶에서 흘러나온다. 죄에서 나오는 죽음의 먼지가 인류에게 내려앉았고, 우리는 하나님이 주시고자 했던 깊은 쉼을 누릴 수 없게 되었다. 우리에게는 새로운 창조가 필요하다. 그리고 하나님이 바로 그것을 주셨다! "누구든지 그리스도 안에 있으면 새로운 피조물이라"(고후 5:17). 하나님은 세상을 창조하시며 물리적인 쉼의 원리를 세우셨고, 우리를 구원하시며 완벽한 영적인 쉼의 가능성을 여셨다. 그런데도 각계각층의 사람들이(심지어 그리스

도인이라고 고백한 사람들도) 하나님을 무시하며 살아가기를 고집한다. 그들은 영혼을 쉬게 해주겠다는 그분의 초대를 거절한다. 말씀을 듣는 사람만 있고 행하는 자들이 없다(약 1:22). 그러고는 죽을 때에나 쉼에 들어가길 소망한다. 성경은 그런 식으로 삶을 대하는 사람들에게 소망의 여지를 주지 않는다. 이스라엘 백성은 광야에서 하나님을 믿지 못했기 때문에 하나님의 약속이 전혀 소용 없어 보이는 삶을 살았다. 이처럼 우리도 믿음 없이 분투하는 삶을 계속 살아간다면 이생에서나 내세에서 영혼의 쉼이라는 하나님의 선물을 경험하리라고 기대할 수 없다.

감사하게도 모든 것은 예수님 안에서 해결된다. 그분은 공허한 종교적 가식과 필사적인 세속적 노력의 허울을 뚫고 우리를 은혜로 초대하신다. "수고하고 무거운 짐 진 자들아 다 내게로 오라 내가 너희를 쉬게 하리라 나는 마음이 온유하고 겸손하니 나의 멍에를 메고 내게 배우라 그리하면 너희 마음이 쉼을 얻으리니"(마 11:28-29). 이것은 일할 때도 누릴 수 있는 쉼이고, 진정으로 쉬게 하는 쉼이며, 언젠가 그분의 임재 안에서 완전해지고 결정적으로 영원히 누리게 될 쉼이다.

오늘 우리의 영혼은 쉬고 있는가? 아니면 내일 일을 걱정하거나 오늘 성취해야 할 일들을 생각하며 지쳐 있는가? 우리의 가장 큰 욕구를 만족시키고 가장 큰 필요를 해결해주는 그 구원의 일은 예수님이 갈보리에서 우리를 대신해 이미 끝내셨다. 그분은 우리를 오라고 초대하신다. 예수님이 우리의 영원한 미래를 돌보고 계시며, 그분이 우리를 위해 계획하신 일은 그대로 모두 이루어질 것이다. 이 사실을 알고 그분을 믿으라. 그래서 우리 영혼이 진정으로 쉼을 얻게 하라.

 히브리서 4장 1-10절

3월 4일
용서받고 용서하기

"내가 너를 불쌍히 여김과 같이
너도 네 동료를 불쌍히 여김이 마땅하지 아니하냐"
(마 18:33)

용서받은 사람은 용서하는 사람이 되어야 한다. 그리고 용서는 저절로 나오지 않기에 우리는 이 말을 반복해서 들어야 한다.

다시 말해, 하나님이 예수님을 통해 우리를 용서하셨기 때문에 우리도 용서해야 한다. 성경은 용서가 인간의 미덕에서 나오거나 노력으로 얻어지는 것이 아니라고 분명히 말한다. 오히려 용서는 하나님의 은혜에서 나온다.

따라서 누군가가 진정으로 죄에서 돌이켰는지 알 수 있는 중요한 증거는 용서하는 마음이다. 반대로, 계속해서 마음에 적대감과 불평과 미움을 품고 있다면 자신이 정말 하나님의 용서를 받은 것인지 의심해 보아야 한다. 그것은 자신의 삶을 망치고 관계를 위태롭게 하는 정도에서 끝나지 않는다.

진정한 용서를 직접 경험해보지 못했다면 그러한 용서를 하는 것이 불가능하다. 그러나 진정한 용서를 경험했다면 그러한 용서를 하지 않기가 불가능하다. 우리가 하나님의 은혜로 변화되고 하나님을 향한 우리의 범죄가 얼마나 큰지 깨달으면, 우리 마음에서는 저절로 용서가 흘러나온다. 그런 변화가 일어날 때 다른 사람이 우리에게 진 죄가 가벼워지고, 우리가 용서받았듯 우리도 다른 이들을 용서하도록 하나님이 도우신다.

이것이 마태복음 18장에 나오는 "용서할 줄 모르는 종 비유"에 담긴 원리다. 이 종은 1세기 당시 10조 원에 해당하는 빚을 탕감받았지만, 자신은 동료가 진 3천만 원의 빚을 탕감해 주지 않았다. 엄청난 빚을 탕감받고도 자신은 빚을 탕감해주지 않는 종의 행동이 얼마나 터무니없는지 예수님은 보여주기 원하셨다. 사실 그 종이 빌려준 돈도 꽤 큰 금액이다. 하지만 그가 탕감받은 액수에 비하면 너무나 작았다. 마찬가지로 우리도 하나님을 대적하는 어마어마한 죄를 탕감받은 사람들이다. 그러므로 다른 사람을 용서하지 못한다는 것은 말이 안 된다.

　하나님의 자비를 경험했다면 용서를 실천하는 일을 무시해서는 안 된다. 다른 사람을 용서할 때 우리는 하나님의 용서의 깊이를 더 충만하게 경험할 수 있다. 계속 붙들고 싶은 죄의 기록을 포기하라. 용서해야 할 죄가 너무 커서 용서하기 어려울 때는 하나님이 내게 베푸신 용서의 크기를 바라보라. 하나님이 나를 용서하기 위해 포기하신 것이 무엇인지 보라. 그러면 용서할 수 있을 것이다. 하나님이 나를 용서하신 것이 확실하다면, 하나님은 내가 다른 사람들과 평화롭게 지낼 수 있도록 그분의 은혜와 자비를 넘치도록 부어주실 것이다.

 마가복음 11장 20-25절

3월 5일
하나님은 우리 편이시다

> "사람이 시험을 받을 때에
> 내가 하나님께 시험을 받는다 하지 말지니
> 하나님은 악에게 시험을 받지도 아니하시고
> 친히 아무도 시험하지 아니하시느니라"
>
> (약 1:13)

예수 그리스도를 믿고 죄의 결박이 풀릴 때 몇 가지 일이 즉시 일어난다. 우리가 죽음에서 생명으로 옮겨지고, 하나님의 영이 우리 안에 거하신다. 우리는 그분의 가족에 속하게 되며, 구원받고, 변화되고, 다시 태어난다. 죄가 더 이상 우리 삶을 주관하지 못한다.

그러나 죄는 남아 있다.

그리스도를 믿는다고 해서 사탄의 공격이나 우리 마음의 미묘한 성향에서 아예 벗어나는 평탄한 삶을 살게 되는 것이 아니다. 오히려 그리스도인은 회심한 순간부터 유혹에 대항하여 "지속적이고도 해소할 수 없는 전쟁"[3]을 하게 된다. 예수님의 장성한 분량이 충만한 데까지 이르도록 말이다.

성경은 우리 모두가 경험하는 죄와 악의 유혹에 대한 경고로 가득하다. 여기에는 난폭하고 감히 생각조차 하기 싫은 끔찍한 죄의 유혹만 있는 것이 아니다. 하나님이 주신 좋은 것을 취해 죄를 짓는 데 사용하려는(혹은 잘못 사용하려는) 충동도 유혹이다.

『스크루테이프의 편지』(The Screwtape Letters)에서 C. S. 루이스(C. S. Lewis)는, 스크루테이프가 그의 조카 악마에게 조언하는 대목에서 이러한 생각을 암시한다. "인간들이 우리의 대적[말하자면 하나님]이 만든 것을 때때로, 어느 정도, 그가 금지한 방식으로 즐기도록 충동질하라."[4]

성경은 하나님이 결코 유혹의 원천이 되실 수 없다고 분명히 말한다. 야고보는 "하나님은… 아무도 시험하지 아니하시느니라"라고 말하면서, 하나님의 성품을 그 근거로 제시한다. 하나님이 악한 의도로 다른 사람을 유혹하실 수 없는 이유는 하나님이 유혹을 받지 않으시는 분이기 때문이다. 악한 의도로 다른 사람을 유혹하려면 악을 기뻐하는 마음이 있어야 하는데, 하나님께는 그런 마음이 전혀 없다.

'유혹하다'로 번역된 단어는 '시험하다'라고도 번역된다. 그러므로 우리의 타락한 본성이 죄에 대한 유혹을 받는 때는 우리 믿음을 강하게 하기 위한 시험의 때가 되기도 한다. 하나님이 허락하신 시험을 만날 때는 하나님의 목적이 우리의 실패가 아닌 유익임을 기억하라. 사탄은 우리가 실패하기를 원하지만 하나님은 우리가 성공하기를 원하신다. 그분은 우리 편이시며, 시련이나 유혹까지 포함한 모든 것이 선을 이루도록 일하신다.

자신이 매번 걸려 넘어지는 유혹은 무엇인가? 그것은 유혹이면서 동시에 기회가 될 수 있음을 기억하라. 우리가 하나님 아버지를 기쁘시게 하고 그리스도를 더 닮아가도록 순종을 선택할 때, 유혹은 기회가 될 수 있다. "마귀를 대적하라 그리하면 너희를 피하리라"(약 4:7).

 베드로전서 1장 13-21절

3월 6일
네가 어디 있느냐?

"…아담과 그의 아내가 여호와 하나님의 낯을 피하여…
여호와 하나님이 아담을 부르시며 그에게 이르시되
네가 어디 있느냐"

(창 3:8-9)

숨바꼭질은 보편적이고 순진무구한 놀이다. 인종, 언어, 지리적 경계를 넘어 모든 어린이가 이 놀이를 즐긴다. 하지만 이 세상에 처음 있었던 숨바꼭질은 재미있지도, 순진무구하지도 않았다. 오히려 아주 심각했다.

아담과 하와는 에덴동산에서 하나님께 불순종한 이후에, 서로를 피해 무화과나무 잎으로 몸을 가렸고 동산의 나무 뒤로 숨어 그들의 창조주를 피했다. 그들은 은폐를 시도했고 하나님은 "네가 어디 있느냐?"라는 간단한 질문으로 그들을 찾으러 오셨다.

세상은 보통 하나님이 어딘가에 숨어계시거나 우주를 벗어난 존재이시며 인간이 그분을 찾아야 한다고 가정한다. 그런데 이 질문은 오히려 그 반대임을 보여준다. 숨은 쪽이 우리이고, 찾는 쪽은 하나님이시다.

하나님이 첫 인간에게 하신 이 질문은 이상해 보일 수 있다. 하나님은 이미 모든 것을 아시지 않는가? 하지만 하나님이 아담과 하와에게 어디 있느냐고 물으신 것은 새로운 정보를 얻기 위해서가 아니다. 그들이 자신의 상황을 이해하도록 돕기 위해서다. 하나님은 그들을 '쫓아내기'보다는 '이끌어내기' 위해 찾아오셨다.

아담과 하와의 반역에 대해 하나님이 하실 수 있던 반응들의 경우의 수를 생각해보라. 만일 하나님이 엄격하게 심판하셨다면 그들에게 경고하신 대로

(창 2:16-17) 즉시 사형선고를 내리셨을 것이다. 하지만 하나님은 본성상 늘 자비를 베푸신다. 그래서 심판하는 대신에 오셔서 질문하셨다. 이것은 인류가 하나님께 등을 돌린 후의 하나님의 은혜를 엿볼 수 있는 첫 번째 사건이다. 하나님은 그들이 마땅히 받아야 할 벌을 즉각 내리지 않으셨다. 오히려 지극히 크신 사랑으로 우리가 감히 받을 수 없는 것, 즉 반응하고 돌아갈 기회를 허락하셨다.

우리와 가까운 사람일지라도 우리의 모든 행동과 가장 깊은 내면의 생각까지 다 안다면 누구도 우리를 편하게 대할 수 없을 것이다. 아마도 서로에게만이 아니라 자기 자신에게도 진실을 감추려 애쓸 것이다. 하지만 하나님을 피해 숨는 것은 아무 소용이 없다. 숨을 곳도 없고, 다른 곳으로 비난을 돌릴 수도 없다.

우리는 '작은' 죄들은 하나님이 보지 않으실 거라는 거짓말을 믿어서도 안 된다. 그분은 보신다. 궁극적으로 우리의 영혼을 보시고 우리가 했던 일과 서 있는 곳을 정확하게 아신다. 놀랍게도, 우리는 숨을 필요가 없다. 하나님은 심판이 아니라 자비로 우리에게 오신다. "하나님이 그 아들을 세상에 보내신 것은 세상을 심판하려 하심이 아니요 그로 말미암아 세상이 구원을 받게 하려 하심이라"(요 3:17). 끊임없이 괴롭히는 죄나 은밀한 수치로 괴로운가? 다른 사람에게 숨기고 있는 것을 하나님께도 숨기려 하는가? 하나님으로부터 숨는 일을 멈추기에 지금보다 더 좋은 때는 없다. 빛으로 나아가라. 그분 앞에 숨길 수 없는 그것을 그대로 드러내라. 그러면 하나님이 그의 보혈로 덮으실 것이다. 하나님이 이미 다 알고 용서하셨음을 깨달을 것이다. 그분은 우리와 관계 맺기를 원하시는, 사랑이 많으며 구원하시는 하나님이시다.

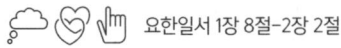 요한일서 1장 8절-2장 2절

3월 7일
성경이 전하는 예수님

"그 내시가 빌립에게 말하되
청컨대 내가 묻노니 선지자가 이 말한 것이 누구를 가리킴이냐
자기를 가리킴이냐 타인을 가리킴이냐
빌립이 입을 열어 이 글에서 시작하여 예수를 가르쳐 복음을 전하니"

(행 8:34-35)

성경을 전체적으로 읽다 보면 예수님이 갑자기 등장하신 게 아님을 알게 된다. 성경은 처음부터 끝까지 그분에 관한 책이다. 실제로 구약의 예언자들도 성령님의 감동하심으로 예수님에 대해 썼다. 따라서 그리스도에게서 눈을 떼면 아무리 성경을 잘 알아도 성경이 말하는 핵심과 주인공을 놓치게 된다.

복음서에서 예수님은 사람들이 그분이 누구신지 이해할 수 있도록 구약을 인용하셨다. 예수님은 사역 초기에 회당에서 이사야서 말씀을 읽으셨다. 누가는 예수님이 말씀을 다 읽으신 후에 듣던 자들에게 "이 글이 오늘 너희 귀에 응하였느니라"(눅 4:21)라고 하셨다고 전한다. 후에 예수님은 구약에 특히 관심이 있고 성경을 잘 알던 사람들에게 이렇게 경고하셨다. "너희가 성경에서 영생을 얻는 줄 생각하고 성경을 연구하거니와 이 성경이 곧 내게 대하여 증언하는 것이니라"(요 5:39). 예수님이 죽으시고 부활하신 후, 엠마오로 가는 길에서 낙심한 제자들을 만나셨을 때, 그분은 "모세와 모든 선지자의 글로 시작하여 모든 성경에 쓴 바 자기에 관한 것을 자세히 설명"하셨다(눅 24:27).

다른 말로 하면 예수님은 구약의 모든 부분이 그분께 초점을 맞추고 있으며 그분 안에서 성취되었다고 분명히 가르치셨다.

성경을 읽으면 예수님을 만나게 된다. 성경은 그분을 간증하기 때문이다. 그러므로 구약 말씀을 연구하고 알아가는 동안 인생의 훌륭하고 중요한 윤리

적 진리들을 깨닫는다 해도, 진리이신 예수님을 놓친다면 아무 소용이 없다. 모든 성경의 목적은 우리가 예수님을 만나고, 그분을 알고, 그분의 모든 영광을 위해 그분의 놀라운 이름을 선포하는 것이다.

우리가 듣는 모든 설교에서, 우리가 배운 모든 교훈에서, 우리가 읽는 모든 성경 말씀에서 우리는 스스로 이렇게 질문해야 한다. "그것이 나를 그리스도께로 이끌었는가? 그 안에서 그리스도를 발견했는가?" "그렇다"라고 대답할 수 있을 때까지 듣고, 연구하고, 읽는 것을 멈추지 말라. 구원과 진리와 지혜와 평안이라는 보물은 오직 그분 안에서만 발견되기 때문이다.

 시편 119편 17-32절

3월 8일
아브라함의 소망

"믿음이 없어 하나님의 약속을 의심하지 않고
믿음으로 견고하여져서
하나님께 영광을 돌리며"
(롬 4:20)

아브라함이 자녀를 얻기 전에 하나님은 그가 수많은 자손을 갖게 될 거라고 약속하셨다. 그러나 시간이 지나면서 아브라함과 아내 사라는 결코 자손을 가질 수 없을 것처럼 보였다. 그 약속이 지켜지지 않을 위험에 처해 있었고, 아브라함과 사라는 자신의 손으로 문제를 해결하려 했다. 사라는 자신의 여종 하갈을 아브라함에게 주었고 하갈은 이스마엘을 낳았다. 그러나 하나님은 약속하신 자손이 이스마엘의 계보에서 나오지 않을 거라고 하셨다. 그분은 하나님의 약속의 성취는 오직 하나님만이 하실 수 있음을 보여주기 원하셨다. 아브라함에게 주어진 일은 오직 하나, 하나님의 약속을 신뢰하는 것이었다. 그러나 그 약속은 엄청난 어려움에 직면했고, 그것이 성취되려면 전능하신 하나님이 필요했다.

세월이 더 흘렀지만 사라는 여전히 임신하지 못했다. 하나님은 다시 아브라함에게 나타나셔서, 사라가 비록 나이가 많지만 아들을 낳게 될 거라고 확신을 주셨다. 결국 사라는 90세에 아들 이삭을 낳았다. '이삭'이란 이름은 '그가 웃는다'라는 뜻이다. 아브라함은 한때 이삭을 낳게 될 거라는 약속을 비웃었지만(창 17:17), 지금은 놀라움에 휩싸였다.

하나님은 약속을 지키신다. 90세 된 여성이 아이를 낳는 것은 불가능하지만 하나님은 그렇게 하실 수 있다. 이 나이 많은 부부에게 주신 상속자에 대한 약속은 생명이라는 초자연적인 선물이 있어야 했다. 하나님의 신적인 개입 없이는 자손이 생길 수도 없었고 생명의 탄생도 있을 수 없었다. 이와 비슷하게, 하나님의 개입 없이는 영적인 생명도 있을 수 없다. 하지만 하나님의 능력으로는 새 생명(진정한 생명!)이 가능하다. 하나님은 복음이 어떤 생명에 뿌리를 내리려면 기적이 필요하다고 처음부터 백성에게 가르치셨다.

하나님은 약속을 지키신다. 하나님이 자기 백성에게 주시는 약속은 수없이 많고 엄청나며, 모두 그리스도 안에서 응답된다(고후 1:20). 우리 편에서 해야 할 일은 아브라함이 배웠던 것, 즉 하나님의 약속이 아무리 멀고 불가능해 보여도 신뢰하는 것이다. 엄청난 어려움에 직면한 듯 보이는 약속이 성취되기 위해서는 전능하신 하나님이 필요하다. 그리고 그분은 우리가 아버지라고 부르는 바로 그 하나님이시다.

오늘, 하나님이 약속을 지키는 분이시라는 사실을 되새길 필요는 없는가? 솔직히 말해 우리 모두 그래야 할 것이다. 아브라함처럼 소망을 오직 하나님께 두라. 하나님은 약속을 지키실 수 있으며, 그 약속이 성취되는 것은 오직 그분의 능력에 의해서다. 우리는 자신만 돌아보아도 하나님이 기적을 베푸시는 분임을 알 것이다. 하늘에 별을 두고 세상을 지탱하시는 그 하나님의 능력이 우리 마음을 일깨워 믿음을 갖게 하고 영원한 생명을 주지 않았는가!

 창세기 15장 1-21절

3월 9일
배울 기회

"…나의 멍에를 메고
내게 배우라…"

(마 11:29)

학교에서 돌아온 자녀에게 부모는 어떤 질문을 하는가?

어떤 부모는 이렇게 물을 것이다. "오늘 뭐 배웠니?" 그러나 대부분이 아마 이렇게 질문할 것이다. "오늘 재미있었니?"

학교 교육과 관련해서는, 우리가 어떤 질문을 하고 그 질문이 어떤 우선순위를 드러내는지 그렇게 큰 문제가 되지 않는다. 하지만 교회와 관련해서는 다르다. 우리는 종종 이렇게 묻는다. "오늘 교회에서 재미있었니? 교회에서 즐거웠니?"

그러나 우리는 이렇게 질문해야 한다. "오늘 예수님에 대해, 그리고 예수님께 무엇을 배웠니?"

우리는 예수님께 배우는 큰 특권을 지녔다. 복음서 전체에서 예수님은 우리 삶의 큰 질문들을 풀어주는 방식으로 말씀하신다. '나는 누구인가? 나는 어디서 왔는가? 나는 왜 여기 있나? 나는 어디로 가는가? 삶은 중요한가?'와 같은 질문들을 말이다.

그리스도를 주님이자 구원자로 알게 되면 이런 삶의 큰 문제들을 생각하는 방식이 달라진다. 시간과 자원과 직업과 결혼 상대자를 바라보는 방식이 바뀐다. 예수님을 진정으로 알면 그분을 삶의 주인으로 받아들이게 되기 때문이다. 예수님께 배우면 모든 것이 바뀐다.

예수님께 나아오는 일은 그리스도께서 단번에 죄를 위해 죽으셨고, 의롭지 않은 자(우리)를 위해 의로운 자(그분)께서 죽으셨으며, 그분이 우리를 하나님과 화해시키셨다는 것(벧전 3:18)을 알고 그에 반응하면서 시작된다. 이것을 그저 머리로 아는 것과, 그것을 믿고 신뢰하며 이 모든 것을 주신 분께 기꺼이 매이는 것은 다르다.

삶의 수수께끼들을 퍼즐 조각 맞추듯이 풀어보려고 애쓰는 사람들이 있다. 하지만 하나님께 배우려 하지 않는 한 그 조각들은 절대 맞춰지지 않을 것이다. 우리도 이전에는 그들과 같았으나 이제는 하나님을 진정으로 알 수 있다. 우리의 지적 능력 때문이 아닌 하나님이 그 말씀의 진리를 통해 자신을 드러내기로 선택하셨기 때문이다.

삶의 모든 영역에서 예수님께 배우기를 원하는가? 예수님의 가르침을 따르고 예수님의 권위에 복종하기를 특권으로 여기는가? 아니면 그것을 짐으로 여기는가? 복음의 진리를 배울 모든 기회를 붙들라. 그러면 그를 통해 마음의 갈망이 충족되며 매일 조금씩 삶이 변화될 것이다.

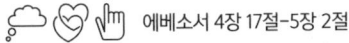 에베소서 4장 17절-5장 2절

3월 10일
혼자라는 거짓말

"여호와여 어느 때까지니이까
나를 영원히 잊으시나이까
주의 얼굴을 나에게서
어느 때까지 숨기시겠나이까"

(시 13:1)

사람들은 재미있으면 시간이 빨리 간다고 말한다. 하지만 상황이 우울할 때는 삶이 너무나 느리게 가는 듯하다. 그래서 이런 생각을 하는 자신을 발견한다. '이 상황을 벗어날 수 있을지 모르겠어. 그리고 어떻게 이 상황을 견뎌야 할지도 모르겠어.'

시편 13편은 "어느 때까지니이까?"라는 질문을 반복한다. 다윗이 처한 상황이 설명되어 있지는 않지만 분명 그는 잊히고 버려졌다는 느낌(우리 모두 느낄 수 있는)을 받았던 것 같다. 이는 사랑하는 사람을 잃거나 홀로 시련의 골짜기를 지날 때 느끼는 감정과 비슷하다. 인간관계에서 소외되는 경험은 말할 것도 없이 정말 고통스럽다. 하지만 다윗이 여기서 말하는 고통은 좀 더 심각한 것이다. 그는 하나님으로부터 소외된 느낌에 관해 말하고 있다.

이 감정은 많은 하나님의 사람이 성경 전체에서 가졌던 감정이다. 이사야서에서는 포로로 끌려간 하나님의 백성이 이렇게 울부짖는다. "여호와께서 나를 버리시며 주께서 나를 잊으셨다"(사 49:14). 기독교의 순례자들(예수님의 진정한 제자들과 종들)도 이런 느낌을 표현하곤 한다. "주님이 우리를 잊으신 게 분명해. 그분이 우리를 기억하고 아직도 우리와 함께하신다면 어떻게 이런 어려움을 겪을 수 있지? 그분이 정말로 우리를 지켜보고 계신다면 이런 시련을 겪지 않았을 거야."

다윗이 보이는 우울함 속에서 우리는 그가 현실을 제대로 인식하지 못하고 있음을(우리도 종종 그렇듯이) 발견한다. 하지만 다윗은 자신이 진짜라고 '느끼는 것'과 진짜라고 '아는 것'이 반드시 일치하지는 않는다는 사실을 인정할 만큼 영적으로 성숙하고 겸손했다. 그래서 그는 하나님의 신실하신 사랑, 그분의 구원, 그분의 관대함을 자신에게 상기시키며 고통 중에서도 이를 기뻐하기로 결심한다(시 13:5-6).

이것이 그리스도인의 삶에 있는 소망 넘치는 긴장감이다. 우리는 하나님이 우리를 사랑하시고 구원하시며, 우리를 위해 일하기를 멈추지 않으셨음을 충분히 알면서도 "주님, 언제까지입니까? 하나님, 어디 계십니까?"라고 질문한다.

우리의 감정이 부추기는 버림받았다는 거짓말을 믿지 말라. 잘 잊어버리는 백성에게 하나님이 주시는 위로 속에서 쉼을 얻으라. "여인이 어찌 그 젖 먹는 자식을 잊겠으며 자기 태에서 난 아들을 긍휼히 여기지 않겠느냐 그들은 혹시 잊을지라도 나는 너를 잊지 아니할 것이라 내가 너를 내 손바닥에 새겼고 너의 성벽이 항상 내 앞에 있나니"(사 49:15-16). 하나님이 그 자녀를 보살피시는 것은 마치 태양처럼 변함이 없다. 구름이 잠깐 가릴 수는 있지만 여전히 그곳에 있다. 항상 그곳에 있다.

오늘, 한결같으신 하나님을 신뢰하겠는가? 버림받았다는 느낌이 든다면, 하나님이 그 자녀의 이름이 하나하나 새겨진 그분의 손을 보고 계심을 기억하라. 하나님은 말씀하신다. "여기 있구나. 나는 너를 잊지 않았다."

 시편 13편

3월 11일
그분이 계획하신 대로

"…네게 있는 것 중에 받지 아니한 것이 무엇이냐
네가 받았은즉 어찌하여
받지 아니한 것 같이 자랑하느냐"

(고전 4:7)

다른 이름으로 불리기도 하고, 여러 가지 모습으로 변장하기도 하는 질투는, 종종 복음주의 교회 성도들에게 '용납되는' 죄 중의 하나다. 질투는 목회자가 교회를 향해 조심하라고 경고하거나, 신자들이 자신이 겪는 영적 싸움에 대해 나눌 때 자주 언급되는 대표적인 죄의 목록에 들어가지는 않는다. 하지만 질투는 하나님이 말씀하신 죄의 목록에 있으며 성경에도 자주 언급된다. 사실 질투는 신약의 서신서가 말하는 가장 추악한 죄에 속하며, 따라서 심각하게 다뤄져야 한다(참조. 롬 13:13).

바울이 고린도 교인들에게 편지를 쓴 이후 지금까지 상황은 크게 달라지지 않았다. 지역 교회들은 여전히 질투로 야기되는 혼란과 분열로 씨름한다. 질투가 위험한 이유는 하나님이 각 개인에게 가장 맞는 은사를 주셨다는 사실을 의심하게 만들기 때문이다.

바울은 교만하고 하나되지 못하며 시기하는 교인들에게 "너희가 가진 모든 것은 받은 것이다"라고 말한다. 선물을 주시는 분, 즉 우주의 창조주께서는 실수하지 않으신다. 그러므로 그들이(그리고 우리가) 어떻게 자신이 피조세계를 더 잘 통제할 수 있다는 양 교만할 수 있겠는가? 우리의 키와 몸통 둘레와 달리기 속도, 또는 능력들을 누가 결정했는가? 누가 우리를 독특하게 만드셨는가? 하나님이시다! 우리의 유전자는 하나님의 계획으로 된 것이다. 우리의 환경은 하나님이 의도하신 그대로다. 그리고 하나님은 실수하지 않으신다. 질투는 죄다. 질투는 하나님이 선하지 않으시다거나 우리에게 무엇이 유익한지 모르신다는 생각을 드러내는 태도이기 때문이다. 질투는 우상숭배에 속하는 감정이다.

당신이 인생이라는 오케스트라에서 피콜로를 연주하는데, 몇 자리 옆에서 다른 사람이 깊고 큰 소리를 내는 튜바를 연주한다면, 이렇게 말하고 싶을지 모른다. "아무도 내 소리를 못 들을 거야. 내 소리는 별로 좋지 않아." 여기서부터 자기 자리에 대한 불평과 튜바 연주자를 시기하는 마음이 생긴다. 하지만 당신이 피콜로를 연주하는 데는 이유가 있다. 당신이 연주하기로 되어 있는 악기는 바로 그 피콜로다. 그러니 기쁜 마음으로 탁월하게 연주하자!

하나님이 주신 은사를 사용하려고 노력하면서 왜 서로를 시기하는가? 왜 불만 때문에 하나님이 공짜로 주신 기쁨을 빼앗기는가? 왜 그분이 다른 사람에게 하신 일을 보느라 나를 위해 하신 일, 특히 그분의 임재 안에서 내게 영원한 부를 주신 것을 보지 못하는가? 우리 모두 반복해서 들어야 할 진리가 여기 있다. "하나님은 정확히 내게 필요한 것을 주셨다. 나는 그분이 계획하신 대로 정확하게 지어졌다. 그리고 그분이 주신 것과 주시지 않은 모든 것은 나의 유익을 위한 것이자 그분의 영광을 위한 것이다."

질투가 자신을 소모하도록 허용하지 말라. 오히려 자신이 창조된 그 역할을 기쁘게 살아내라. 우리는 그분이 만드셨고, 그리스도 예수 안에서 선한 일을 위해 지음을 받았다. 이는 하나님이 전에 예비하셔서 우리로 그 가운데서 행하게 하려 하신 것이다(엡 2:10). 오늘 우리는 그것으로 충분하다.

 디모데전서 6장 6-12절

3월 12일
철저한 후회

"그 때에 예수를 판 유다가 그의 정죄됨을 보고 스스로 뉘우쳐
그 은 삼십을 대제사장들과 장로들에게 도로 갖다 주며
이르되 내가 무죄한 피를 팔고 죄를 범하였도다 하니⋯
유다가 은을 성소에 던져 넣고 물러가서 스스로 목매어 죽은지라"

(마 27:3–5)

유다가 예수님을 배반한 후 그에게 무슨 일이 일어났는가? 본문에서 "스스로 뉘우쳐"라는 구절은 '후회의 감정에 사로잡혔다'라고도 번역될 수 있다. 유다의 마음이 순간적으로 바뀌면서 그의 관점도 바뀌었다.

유다는 무장한 사람들을 이끌고 대담하게 노골적인 적대감을 드러내며 예수님을 체포하기 위해 겟세마네 동산에 왔다. 그러나 그는 몇 시간 후 대제사장과 장로들 앞에서 다른 모습이 되었다. 그의 완악한 마음은 후회하는 마음으로 변해 있었다.

유다의 경험을 잠시 생각해보면 죄는 항상 거짓 희망을 준다는 사실을 떠올리게 된다. 죄를 지은 후에 느끼는 감정과 죄를 짓기 전의 감정은 전혀 다를 때가 많다. 아담과 하와도 하나님께 불순종한 후에 이런 극적인 감정의 변화를 경험했다. 열매를 먹기 전 그들이 불순종에 걸었던 모든 기대는 그들의 입에서 먼지가 되었다(창 3:6–8). 마찬가지로 유다가 예수님을 대적에게 넘길 때 그에게 매력적으로 보였던 것들은 급속도로 허무한 것이 되었다.

우리가 죄를 지을 때 우리를 반역하도록 이끄는 매력적이고 유혹적인 모든 영향력은 한순간에 사라져버린다. 반짝거리던 것이 사실은 황철석(fool's gold)이었음이 판명된다. 그리고 '거룩하고 사랑이 많으신 하나님께 내가 죄를 지었다'는 처절한 현실만 남는다.

이런 휘몰아치는 후회가 몰려올 때, 우리는 회개하고 하나님과 화해할 것인지, 아니면 절망하고 스스로 정죄할 것인지 선택할 수 있다. 슬프게도 유다는 후자를 선택했다. 그는 죄책감에 휩싸인 나머지 모든 사람의 얼굴이 자신을 고소하고, 모든 소리가 자신을 찌르며, 영혼의 모든 울림이 자신을 정죄하는 것 같았다. 그는 받은 돈을 대제사장에게 돌려주며 죄책감을 덜어보려고 했지만 돈 주머니의 무게를 덜어내는 것으로는 그의 마음의 무게를 줄일 수 없었다. 고립되고 분리된 느낌 속에서 그는 끔찍한 죽음을 맞이했다.

오늘 우리도 죄에 눌려 있을지 모른다. 스스로 문제를 해결하려 하지만 여전히 그 무게가 내리누르고 있을지 모른다. 그렇다면 이것을 알아두라. 유다의 이야기가 자신의 이야기가 될 필요는 없다. 우리는 그리스도께로 돌아설 수 있다. 그분은 자유와 용서를 주신다. 그분의 멍에는 쉽고 그분의 짐은 가볍다(마 11:28-30). 이를 위해 그리스도께서 죽으셨다. 유다처럼 죄악으로 배신한 자들을 구원하기 위해 말이다.

죄가 우리를 유혹할 때 유다의 예를 표지로 삼으라. 어떤 죄가 특히 자신을 순간적으로 유혹하는가? 죄를 짓기 전에 그것이 어떻게 보이든지 죄를 짓고 나면 다른 감정을 느끼게 되리라는 것을 기억하라. 우리에게는 유혹의 순간을 위한 도움과 죄책감이 짓누르는 순간을 위한 소망이 있다. 곧 하나님의 용서가 우리의 후회와 회개를 기다리고 있다. 우리가 해야 할 일은 그분께로 돌아서는 것이다.

 시편 51편

3월 13일
모든 참음으로

"사도의 표가 된 것은
내가 너희 가운데서 모든 참음과
표적과 기사와 능력을 행한 것이라"
(고후 12:12)

그리스도께서 부활하고 승천하신 직후, 사도들의 사역이 활발히 이루어지고 교회가 탄생했던 시기를 보면 "표적과 기사와 능력"이 행해진 것을 쉽게 알 수 있다. 그래서 우리도 표적과 기사와 능력을 보고 우리 믿음이 강해지며 사역이 힘을 얻기를 바란다.

그때는 초자연적인 사건의 질과 양이 단연코 특별했던 시기로, 그런 일이 반복되지는 않는다. 사도들은 우리 시대 그리스도인과는 다른 방식으로 초자연적인 은사를 받았다. 하지만 주목할 것이 있다. 초대교회는 이런 경험을 그들 믿음의 초석으로 삼지 않았다는 점이다. 우리는 기적에만 집중하고 그들이 처한 상황에 눈감으면 안 된다. 그들은 하나님의 영으로 충만해지자 즉시 하나님의 말씀을 이해하고 선포하는 일에 관심을 기울였다. 이를 통해 그들은 삶 속에서 "모든 참음"(혹은 어떤 이가 번역하듯 '엄청난 인내심')을 보여주었다. 교회를 세운 힘은 사도들이 행한 기적뿐만 아니라 그들이 보여준 신실하고 담대한 인내심이었다.

바울은 그의 사역의 초점을 자신이 행한 많은 기적이나 그가 견뎌낸 굵직한 시련에 두지 않았다. 하나님이 그에게 주신 결연한 믿음과 그가 선포한 진리에 두기 원했다. 바울의 사역을 깊이 들여다보고, 그가 졌던 짐을 보며, 그가 마음으로 외쳤던 소리를 들으면, 하나님이 그를 통해 행하신 표적과 기사가 화려한 기독교 쇼맨십을 보여주려는 의도가 아니었음을 쉽게 알 수 있다. 오히려 그 표적과 기사는 고난과 역경 속에서 태어났고, 한계에 다다른 삶 속에서 일어났으며, 전파되는 메시지의 진실성을 강조했다.

이런 맥락을 알고 나면, 바울을 따르는 자들은 그가 어떻게 이런 기적을 행할 수 있었는지 묻기보다 그가 어떻게 그런 일관된 믿음을 보일 수 있었는지 묻게 된다. 그는 고난 가운데서도 어떻게 "모든 참음"을 이뤄낼 수 있었을까? 오직 예수 그리스도를 믿는 믿음과 하나님의 말씀을 아는 지식을 통해서다.

그리스도인의 삶에서 참을성 있는 인내로 시험에 맞서고 어려움을 직면하게 하는 것은 무엇인가? 기적인가? 표적인가? 기사인가? 아니다. 물론 하나님의 특별한 은혜가 어느 지점에서는 도움이 될 수 있다. 그러나 다른 모든 것이 어두워 보일 때 우리 길에 확실한 빛이 되고(시 119:105), 깊이 뻗는 믿음의 뿌리가 되고, 우리 영혼의 닻이 되는 것은(히 6:19) 기본적인 기독교 교리를 실제로 확고하게 경험으로 아는 것이다. 하나님의 진리가 우리의 마음과 생각에 자리 잡을 때, 우리는 확신을 가지고 이렇게 말할 수 있다. "주의 성도들이여, 우리 믿음의 기초는 그분의 탁월한 말씀 안에 얼마나 확고히 세워져 있는가!"⁵

무엇이 우리를 지탱하는가? 외적인 경험이 아닌 내적인 믿음이다. 우리 안에서 일어나는 성령님의 역사는 하나님이 우리 주변에서 행하시는 어떤 일보다 더 위대한 기적이다. 사람들이 우리를 볼 때 하나님이 행하시는 표적과 기사만 보는 것이 아니라, 시련을 통과하는 우리 내면의 깊은 인내심을 보고 또 우리가 말씀의 진리에 순복할 때 드러나는 성령님의 능력을 볼 수 있기를 바란다.

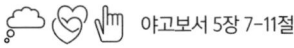 야고보서 5장 7-11절

3월 14일
모범적인 헌신

> "…눈의 아들 여호수아와 여분네의 아들 갈렙이
> 자기들의 옷을 찢고 이스라엘 자손의 온 회중에게 말하여 이르되
> 우리가 두루 다니며 정탐한 땅은 심히 아름다운 땅이라
> 여호와께서 우리를 기뻐하시면 우리를 그 땅으로 인도하여 들이시고
> 그 땅을 우리에게 주시리라 이는 과연 젖과 꿀이 흐르는 땅이니라"(민 14:6-8)

1953년 3월 3일, 싱가포르에서 런던으로 가던 비행기가 인도 콜카타 북서쪽 35킬로미터 지점에서 추락해 탑승객 전원이 사망했다. 10년 전부터 중국 내륙 선교부 대표로 일하던 프레드 미첼(Fred Mitchell)도 그 비행기에 타고 있었다. 프레드의 전기에는 그에 관해 "노동계급의 부모를 둔 시골 출신의 평범한 사람으로, 대부분의 삶을 지방에서 약사로 보냈고 하나님과 동행했다"[6]고 적혀 있다.

여분네의 아들 갈렙은 모세의 명을 받아 하나님이 그 백성에게 주기로 약속하신 땅을 둘러보는 정탐꾼이 되었다. 그전까지 그는 특별히 뛰어나거나 중요한 인물로 보일 어떤 것도 없었다. 하지만 하나님이 그를 민수기 14장에 드러나는 인격으로 다듬고 성장시키신 것은 분명 그의 인생의 평범한 경험들을 통해서였을 것이다.

위기는 인격을 드러낸다. 이스라엘 정탐꾼들은 돌아와 가나안에서 본 것을 보고하며 "우리는 능히 올라가서 그 백성을 치지 못하리라 그들은 우리보다 강하니라… 우리는 스스로 보기에도 메뚜기 같으니"(민 13:31, 33)라고 말했다. 또한 그들은 하나님이 그들을 이끌어내어 죽게 하신다고 비난했다(민 14:3).

그러나 하나님에 대한 갈렙의 헌신은 두드러졌다. 그는 다수의 의견에 반대할 준비가 되어 있었다. 정탐꾼들이 약속의 땅에 들어가지 말자고 조언할

때 그는 그들에게 반대했다. 모두가 하나님을 대항해서 반기를 들 때 그는 그들과 함께하지 않았다. 그는 신실한 동료 여호수아와 함께 용기를 내어 하나님께 순종하자고 조언한 유일한 사람이었다.

갈렙은 하나님의 능력으로 이룰 수 있다고 확신했다. 그는 다른 정탐꾼들이 전한 사실들을 부인하지 않았다. 그는 다만 다른 관점으로 보았다. 갈렙은 자신이나 이스라엘 백성의 능력이 아닌 하나님의 능력과 하나님의 신실하신 성품을 확신했다. 그는 두려움 속에 있을 때에도 믿음의 사람이었다. 그래서 메뚜기도 하나님의 도움을 받으면 위대한 일을 할 수 있다고 믿었다.

우리는 자신의 삶이 그저 평범하다고 느낄 수 있지만, 그 평범함 속에서도 늘 하나님을 구할 수 있다. 지극히 일상적인 순간에도 그분은 우리의 인격을 만들어 가시며 어떤 환경에서도 용기 있는 사람이 되게 하신다. 하나님은 자신의 계획을 성취하기 위해 거인들을 찾지 않으신다. 하나님은 그분을 신뢰하여 믿음의 발을 내딛고 용기 있게 순종할 준비가 된 평범한 사람을 찾으신다. 오늘 우리가 그 사람이 되는 일을 막을 것은 아무것도 없다.

 민수기 13장 25절-14장 25절

3월 15일
하나님의 영원한 계획

"찬송하리로다 하나님 곧 우리 주 예수 그리스도의 아버지께서
그리스도 안에서 하늘에 속한 모든 신령한 복을 우리에게 주시되
곧 창세 전에 그리스도 안에서 우리를 택하사
우리로 사랑 안에서 그 앞에 거룩하고 흠이 없게 하시려고"

(엡 1:3-4)

성경은 하나님이 왜 에덴동산에서 타락이 일어나도록 허락하셨는지 직접적으로 답하지 않는다. 그저 하나님이 모든 것(그 사건까지도)을 통제하고 계신다고 말한다.

그러나 우리는 바울이 에베소 교회에게 쓴 편지에서 하나님의 영원한 계획에 대한 윤곽을 얻을 수 있다. 하나님은 우리가 사는 세상이 존재하기 이전에도 일하고 계셨으며, 그 타락 사건을 엉겁결에 맞닥뜨리지 않으셨다. 그 나라가 아담과 하와의 반역으로 손상을 입었을 때 하나님은 이미 그런 일이 일어날 것을 알고 계셨다. 아담과 하와가 창조되기 전, 그들이 불순종하기 전에 하나님은 이미 구원 계획을 세우셨다.

우리는 십자가에서 궁극적으로 절정을 이룬 하나님의 구원 사역을 순간적으로 급조된 계획으로 보아서는 안 된다. 오히려 하나님은 영원 전부터 예수님을 통해 사람들을 당신께로 부르시고 예수님의 통치 아래서 타락으로 망가진 모든 것을 회복하려고 결심하셨다. 십자가는 하나님의 영원한 뜻 안에 처음부터 있었다.

이 계획에서 하나님의 목적은 과거에도 현재에도 "그 기쁘신 뜻대로" 되어 "그의 은혜의 영광을 찬송"하게 하려는 것이다(엡 1:5-6). 하나님의 영원한 계획 속에 있는 동기는 사람들을 행복하게 하려는 열망만이 아니라(결과적으로 사

람들도 궁극적으로 행복해지지만) 하나님 자신의 이름을 위한 것이기도 했다. 하나님은 모든 것을 당신의 아들 주 예수 그리스도의 발아래 복종하게 하고 다스림을 받게 하셨다. 따라서 구원이라는 하나님의 영원한 계획은 우리에 관한 것이라기보다는 그분에 관한 것이다. 그 계획은 우리에게 영향을 미치고 우리를 변화시킨다. 하지만 전적으로 하나님에 관한 것이다. 복음이 우리를 움직여 그분을 찬양하게 하고 그분을 위해 살게 할 때까지 우리는 그 계획을 완전히 이해한 것이 아니다.

하나님은 이 세상의 중심이시다. 그러나 타락 이래로 사람들은 그분의 권위를 거부했고, 오히려 대재앙의 결과를 일으키며 자신의 힘을 그분을 몰아내는 데 사용했다. 현재 우리의 삶에는 죽음의 먼지가 덮이지 않은 영역이 없다. 하나님이 중심이시라는 생각을 거부했기 때문이다.

이제 자신의 삶을 재조정하고 하나님이 내 삶의 모든 영역을 감독할 권한이 있음을 인정하겠는가? 나 자신이 아닌 그분을 찬양하고, 나의 명분보다 그분의 명분을 위해 살겠는가? 모순은 이것이다. 나의 영광이 아닌 그분의 영광을 구하며 살 때, 우리는 예수님의 삶의 방식을 닮아가는 데서 누리는 기쁨을 경험하게 된다. 즉 하나님이 영원 전부터 우리와 모든 피조세계를 위해 계획하신 방법대로 살 때 얻을 수 있는 기쁨을 누리게 된다.

 에베소서 1장 3-14절

3월 16일

혼란스러운 마음을 위한 위로

"너희는 말세에 나타내기로 예비하신 구원을 얻기 위하여
믿음으로 말미암아 하나님의 능력으로 보호하심을 받았느니라
그러므로 너희가 이제 여러 가지 시험으로 말미암아
잠깐 근심하게 되지 않을 수 없으나 오히려 크게 기뻐하는도다"

(벧전 1:5-6)

고난에 관해 우리는 두 가지를 인정해야 한다. 하나는 고난이 존재한다는 현실이고, 또 하나는 고난이 고통스럽다는 사실이다. 고난은 실제로 모든 사람의 삶에 이런저런 모양으로 찾아오는데, 정신적인 고통을 포함해 여러 가지 모양으로 온다.

베드로는 동료 신자들에게 고난에 관해 쓰면서, 우리가 슬픔을 겪는 다양한 방식이 있음을 인정한다. 베드로의 첫 번째 편지를 받은 독자들이 지녔던 구체적인 슬픔은 고난을 오래 참아야 하는 데서 오는 정신적인 고통이었다. 베드로는 우리의 마음을 뒤흔들고 정신을 망가뜨리는 온갖 종류의 시련이 있다는 것을 너무나 잘 알았다.

베드로가 소망 없이 절망적인 어조로 편지를 끝내지 않을 수 있던 것은 복음 때문이었다. 그는 오히려 우리가 붙들 수 있는 약속들을 제시한다.

첫째, 베드로는 우리의 시련이 "잠깐" 지속된다는 점을 상기시킨다. 이 "잠깐"은 영원의 빛 안에서 이해할 필요가 있다. 일평생도 영원에 비하면 잠깐이다! 이생에서 오랫동안 받는 고통도 하나님의 셈법으로 자녀를 위한 그분의 계획과 목적의 틀 안에서 보면 여전히 잠깐이다. 그렇다고 그런 고난이 짧게 느껴진다는(특히 고난 중에 있을 때) 말은 아니다. 많은 사람에게 고난은 일 분이 하루 같고 하루가 일 년 같고 일 년이 결코 끝나지 않을 시간처럼 느껴진다.

하지만 우리는 이 약속을 붙들 수 있고 붙들어야 한다. 현재의 비극은 우리의 끝이 아니다. 비록 오늘은 고난이 우리 삶을 가득 채울지 모르지만, 언젠가 '마지막 때'에는 구원이 올 것이다.

둘째, 우리는 고난의 모든 순간에 하나님이 함께하신다고 확신할 수 있다. 다소로 가던 길에 회심한 사울의 이야기에서 우리는 예수님이 고난받는 백성과 자신을 밀접하게 동일시하고 계심을 알게 된다. 그분은 이렇게 말씀하신다. "사울아 사울아 네가 어찌하여 **나를** 박해하느냐"(행 9:4, 강조는 저자 추가). 예수님은 하늘에 계셨는데 어떻게 "나를 박해하느냐"라고 하실 수 있었을까? 그리스도께서 성령님을 통해 그분의 백성과 함께 계셨기 때문이다. 예수님은 그들과 결속되어 계셨다. 그분의 영은 그들과 함께했고 그들이 마지막 구원의 날을 향해 죽음의 골짜기를 지나고 있을 때 그들을 보호하셨다. 그분은 우리를 위해서도 같은 일을 하신다.

주 예수님을 통해 우리는 고난을 완벽하게 공감하실 수 있는 위대한 대제사장을 갖게 되었다(히 4:15). 하나님이 우리를 버리셨다거나 우리가 어디서 어떤 일을 겪고 있는지 모르신다는 거짓말이 유혹할 때, 우리는 다음과 같이 확신할 수 있다. "우리 마음의 알 수 없는 신음이나 고통도 하나님은 위에서 다 느끼신다."**7** 또한 언젠가 그 슬픔은 물러날 것이고 오직 영광만이 우리 앞에 있으리라는 것도 확신할 수 있다. 오늘 우리의 상황이 어떠하든 이것은 오늘 우리가 누릴 수 있는 진리다.

 베드로전서 1장 3-9절

3월 17일
기도로 구원받기

"이것이 너희의 간구와
예수 그리스도의 성령의 도우심으로
나를 구원에 이르게 할 줄 아는 고로"

(빌 1:19)

아무 문제가 없어서 기도할 필요가 없어 보이는 사람이 있는가? 제한된 인간의 관점으로 보면 전부를 가진 것 같은 사람도 있지만 진리는, 우리 모두 다른 사람의 기도가 필요하고 그로부터 유익을 얻는다는 것이다.

사도 바울은 옥에 갇혀 있을 때 빌립보 교회에 편지를 썼다. 그는 자신의 구원이 성령님의 도우심뿐 아니라 하나님의 백성이 기도한 결과라는 사실을 안다고 말했다. 그가 의미한 구원이 지금 처한 고난에서의 구원이든 아니면 그를 그리스도의 임재 가운데로 이끈 궁극적인 구원이든, 바울은 그가 사역하면서 다른 사람의 기도에 의존하고 있음을 빌립보의 그리스도인 친구들이 알기 원했다.

이것은 빌립보 공동체에만 해당되는 것이 아니다. 바울은 로마에 있는 그리스도인들에게 편지할 때도 똑같이 말했다. "형제들아 내가 우리 주 예수 그리스도와 성령의 사랑으로 말미암아 너희를 권하노니 너희 기도에 나와 힘을 같이하여 나를 위하여 하나님께 빌어 나로 유대에서 순종하지 아니하는 자들로부터 건짐을 받게 하고 또 예루살렘에 대하여 내가 섬기는 일을 성도들이 받을 만하게 하고"(롬 15:30-31). 그는 그들이 함께 기도하여 새 힘을 얻기를 원했다. 그는 자신의 섬김이 성도들에게 도움이 되기를 바랐고, 구원받기를 원했다. 그리고 이 모든 것이 그들의 기도를 통해 성취될 수 있다고 말했다! 빅

토리아 시대의 위대한 설교가인 스펄전(C.H. Spurgeon)은 "기도는 하나님의 종탑에 있는 종을 울리는 줄"8이라고 말한 적이 있다. 기도는 하나님의 섭리 아래서 하나님의 계획과 능력이 시작되게 한다.

하나님께 울부짖는 것, 바울이 우리에게 원하는 것이 이것이다. 하나님의 영이 초자연적이라고 표현할 수밖에 없는 방식으로 움직이는 것을 보고 싶다면, 먼저 진심으로 겸손하게 지속적으로 기도해야 한다. 바울은 우리가 다른 성도들과 함께 서로를 위해 기도할 때 그들의 연약함을 도울 수 있다고 말한다. 그들이 용기를 갖게 해달라고 구할 수 있으며, 그들이 구원받는 데 중요한 역할을 할 수 있다.

그러므로 주위에 기도가 필요한 사람이 있는가? 그들을 위해 부지런히, 담대하게, 끈기 있게 기도하겠는가? 또 겉으로 보기에 기도가 필요 없을 것 같은 사람이 있는가? 아니다. 그들도 기도가 필요하다! 그들을 위해서도 같은 방식으로 기도하겠는가?

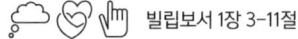 빌립보서 1장 3-11절

3월 18일
정복하는 사자

"그 두루마리를 펴거나 보거나 하기에 합당한 자가 보이지 아니하기로 내가 크게 울었더니 장로 중의 한 사람이 내게 말하되 울지 말라 유대 지파의 사자 다윗의 뿌리가 이겼으니 그 두루마리와 그 일곱 인을 떼시리라 하더라 내가 또 보니 보좌와 네 생물과 장로들 사이에 한 어린 양이 서 있는데 일찍이 죽임을 당한 것 같더라 그에게 일곱 뿔과 일곱 눈이 있으니 이 눈들은 온 땅에 보내심을 받은 하나님의 일곱 영이더라"(계 5:4-6)

자녀들은 부모에게서 종종 "그거 잊지 않았지?"라는 말을 듣곤 한다. 누군가의 집에 다녀왔을 때 내가 부모님께 자주 들었던 말 중 하나는 "감사하다고 말하는 거 잊지 않았지?"였다. 내게는 새로운 메시지가 필요하지 않았다. 그저 기억하는 일이 필요했다.

사도 요한은 예수님이 천상의 실재를 환상으로 보여주셨을 때 눈물을 흘렸다. 이 세상의 비밀을 살펴서 그가 경험한 문제들을 설명해줄 사람이 아무도 없다는 두려움 때문이었다. 하지만 요한에게는 새로운 정보가 필요한 것이 아니었다. 그에게는 이미 알던 것을 기억하는 일이 필요했다.

요한은 울지 말고 그 두루마리를 열 수 있는 사람을 보라는 말을 들었다. 요한이 고개를 돌리자 일찍이 죽임을 당한 어린양이 서 있었다. 그 어린양의 상처는 요한에게 구원을 가져다준 그리스도의 죽음을 떠올리게 했다. 어린양이 서 있는 모습은 예수님의 부활 승리를 상징했다. 오늘 본문의 환상에서 우리는 예수님을 본다. 너무나 자비롭고 전능하신 분을 본다. 그분은 어린양이시자 사자이시다. 그분은 온 세상의 예배와 순종을 받기에 합당한 분으로서 그것을 받으실 것이다.

예수님이 요한의 눈물에 대한 해결책이셨다. 세상이 우리를 내리누르는 것 같아 두려워서 울 때, 힘이 다 빠져서 작고 나약하고 궁지에 몰린 것 같을 때,

이 세상은 통제되지 않고 오직 혼돈에 빠져 있다고 믿고 싶을 때, 예수님은 우리 눈물에 대한 해결책이시다.

낮에 무슨 일이 일어날지, 또 밤에 무슨 일이 일어날지 아는 사람은 아무도 없다. 이 비밀들은 오직 하나님께 속한 것이다. 하지만 하나님이 우리의 어깨를 두드리며 성경을 보라고 하신다. 거기서 우리는 엄청난 은혜를 경험한다. 성경은 우리에게 "유대 지파의 사자가 실제로 승리했으며, 그가 다스리시고, 그가 미래를 감독하시며, 그가 왕이신 것을 잊었느냐?"라고 말한다. 예수님은 이미 요한에게 이렇게 말씀하셨다. "두려워하지 말라 나는 처음이요 마지막이니 곧 살아 있는 자라 내가 전에 죽었었노라 볼지어다 이제 세세토록 살아 있어 사망과 음부의 열쇠를 가졌노니"(계 1:17-18).

현재나 미래의 일로 용기를 잃거나 넘어지거나 혼란스러울 때, 하나님이 우리에게 하시는 요구는 간단하다. 이미 아는 것을 기억하라. 유다의 사자를 바라보라. 그분은 우리를 위해 죽임당한 어린양이시다. 그분은 존귀하시며 그 두루마리를 열어 이 세상의 역사를 그 끝을 향해 이끄는 분이시다. 그분의 재림과 우리가 영광으로 들어갈 날을 향해 말이다.

 요한계시록 5장

3월 19일
진정한 예언자의 목소리

"그들이 딸 내 백성의 상처를 가볍게 여기면서 말하기를
평강하다, 평강하다 하나
평강이 없도다"

(렘 8:11)

심각한 질병에 걸렸을 때 실력 없는 의사에게 치료받고 싶은 사람은 아무도 없다. 심하게 곪은 상처를 치료하러 병원에 갔는데 의사가 밴드를 하나 붙여주더니 병명을 알려주면서 오후 시간을 즐겁게 보내라고 말했다고 하자. 기분은 조금 나아질지 모르지만 문제가 해결되지는 않을 것이다. 그리고 얼마 안 가 상태가 더 심각해질 것이다!

구약 시대 선지자들의 역할은 하나님의 말씀을 전하고 백성에게 그분의 언약에 순종하라고 요구하는 것이었다. 하나님은 선지자들의 입에 그분의 말씀을 넣어주셨고 그들은 하나님이 말씀하신 것을(그들이 생각하는 것이 아니라) 선포했다. 그들의 메시지는 주로 "주의하라! 심판이 오고 있다"는 것이었는데, 그리 기분 좋은 선포는 아니었다!

이처럼 하나님의 메시지는 매우 도전적이었기에 이를 거부한 거짓 선지자들이 많았다. 그들은 선지자로 알려져 있었고 여기저기 다니면서 훌륭한 발언을 하며 사람들이 듣고 싶은 말을 했다. 거짓 선지자는 나쁜 의사처럼, 사실은 예후가 좋지 않은데도 모든 것이 다 괜찮아질 거라고 말하는 사람들이었다. 모든 것이 다 잘될 것이고 우리의 땅은 평화로울 것이라는 말을 사람들은 듣고 싶어 한다. 그러나 대적이 지평선 너머에 있고 우리는 준비되어 있어야 한다.

진짜 선지자들은 하나님의 다가오는 심판을 선포했으며, 현 상태에 안주하거나 절망에 빠지지 말고 경계하라고 경고했다. 하나님은 항상 당신의 백성을 위해 신실하게 행하셨고 그들에게 아름다운 미래를 약속하셨다. 그러므로 심판이 닥쳤을 때 그들의 유일한 소망은 하나님에게서 벗어나는 것이 아니라 하나님 안에서 피난처를 찾는 것이었다.

거짓 선지자들은 우리 시대에도 여전히 있다. 그들의 말은 마치 졸업식 연설자의 평범한 아첨처럼 들린다. "여러분은 우리가 지금까지 보아 온 이들 중 최고의 젊은이들입니다. 미래는 여러분의 손에 있습니다. 여러분은 비상할 준비가 되었습니다!" 그런데 이와 비슷한 얄팍한 말들이 교회 안에서도 너무나 자주 들려온다. 모호한 일반론과 청중에게 잘못된 사실을 고무시키는 가르침들이 행해진다. 그러나 절반의 진리는 절반의 거짓말이기도 하다.

예레미야 시대 하나님의 백성에게 진정한 선지자적 목소리가 필요했듯이 우리 시대에도 그렇다. 우리의 교회와 나라와 세상은, 비록 모욕과 거부를 당해도 진리를 말할 용기 있는 사람들이 필요하다. 죄에 대해 말하고, 윤리적 기준이 하나님께 있다고 주장하고, 심판을 경고하고, 예수님이 재림하실 것을 선포하고, 우리를 구원하실 수 있는 유일한 분을 설득력 있게 가리킬 사람들이 필요하다.

하나님의 말씀으로 도전받고 하나님의 영에 복종할 준비가 된 개인들이 일어나기를 하나님께 간구하라. 하나님의 말씀이 그런 목소리를 통해 진정으로 선포될 때 현실에 안주하지 않고 기꺼이 그 소리를 들으며, 유일한 소망이신 하나님 안으로 피할 준비가 되기를 기도하라. 우리의 일터에서, 그리고 이웃에게 자신이 그런 목소리가 되기를 기도하라.

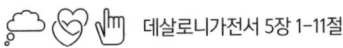 데살로니가전서 5장 1-11절

3월 20일
은혜로운 감사

"그의 영광의 힘을 따라 모든 능력으로 능하게 하시며
기쁨으로 모든 견딤과 오래 참음에 이르게 하시고
우리로 하여금 빛 가운데서 성도의 기업의 부분을 얻기에
합당하게 하신 아버지께 감사하게 하시기를 원하노라"

(골 1:11-12)

좋은 선물을 받으면 누구나 감사한다. 가족, 자유, 여가, 따뜻한 침대, 힘을 주는 격려 등은 우리에게 고마운 마음을 품게 한다. 그럴 때 우리는 자연히 감사를 표현하고 싶어진다. 우리는 어려서부터 "고맙습니다"라는 말을 배운다.

조나단 에드워즈(Jonathan Edwards)는 "자연적인 감사"와 "은혜로운 감사"[9]가 있다고 말했는데, 이 두 가지를 구분하면 도움이 된다. 자연적인 감사는 우리가 받은 것과 거기서 나오는 유익에서 시작한다. 자연적인 감사는 누구나 할 수 있다. 하지만 은혜로운 감사는 전혀 다르다. 오직 하나님의 자녀만이 그것을 경험할 수 있고 표현할 수 있다. 은혜로운 감사는 하나님이 어떤 은사와 어떤 기쁨을 주셨든지 상관없이, 하나님의 성품과 선하심과 사랑과 능력과 탁월하심을 인식하는 것이다. 좋은 날이든 나쁜 날이든, 취업을 했든 못 했든, 매일의 뉴스가 낙관적이든 비관적이든, 완벽히 건강하든 치명적인 진단을 받았든 하나님께 감사할 이유가 있음을 아는 것이 은혜로운 감사다. 이런 감사는 오직 은혜로만 발견할 수 있으며, 성령님이 그 사람의 삶 가운데 역사하신다는 진정한 표가 된다. 은혜로운 감사는 모든 일을 직면할 수 있게 한다. 하나님이 우리의 삶과 환경에 깊이 관여하고 계심을 알고, 그분이 우리를 사랑의 특별한 대상으로 삼으셨음을 알기 때문이다.

조나단 에드워즈가 천연두 백신 때문에 사망했을 때, 그의 아내 사라는 딸에게 이렇게 써 보냈다. "내가 무슨 말을 할 수 있겠니? 거룩하고 선하신 하나님이 검은 구름으로 우리를 덮으셨구나." 이 말속에서 그녀의 정직함을 본다. 여기에는 피상적인 승리주의가 없다. 하지만 그녀의 남편은 갑자기 우연히 그녀의 곁을 떠난 것이 아니다. 조나단이 그의 영원한 상으로 본향에 가는 정확한 시간을 결정한 것은 하나님의 절대적인 주권이었다. 그래서 사라는 다음과 같이 이어서 썼다. "하지만 나의 하나님은 살아계신다. 그리고 그분은 내 마음을 아시지…. 우리는 모두 하나님께 속한 자들이다. 나는 그분께 속해 있고, 그것이 좋다."¹⁰

자연적인 감사로는 슬픔 중에 절대로 이런 말을 할 수 없을 것이다. 자연적인 감사는 상실 속에서는 우리를 도울 수 없다. 이런 생각은 오직 은혜로운 감사에서만 흘러나올 수 있다. 지금 우리는 어려움에 부딪히거나 가슴이 찢어지는 환경에 처했을 수 있다. 또 지금이 아니더라도 그런 날이 올 것이다. 왜냐하면 이곳은 타락한 세상이기 때문이다. 하지만 그런 순간에도 우리는 하나님의 사랑을 붙들고 십자가에서 가장 극명하게 드러난 하나님의 선하심을 신뢰하기로 선택할 수 있다. 그럴 때 우리는 가장 어두운 시기를 지나면서도 그분의 임재의 즐거움을 알게 되며, 항상 그분께 감사할 이유를 찾을 것이다. "주신 이도 여호와시요 거두신 이도 여호와시오니 여호와의 이름이 찬송을 받으실지니이다"(욥 1:21)라는 고백에는 힘과 위엄과 경배가 있다.

 로마서 11장 33-36절

3월 21일
왜 늦어지는가?

"옛적에 선지자들을 통하여
여러 부분과 여러 모양으로 우리 조상들에게 말씀하신 하나님이
이 모든 날 마지막에는 아들을 통하여 우리에게 말씀하셨으니
이 아들을 만유의 상속자로 세우시고
또 그로 말미암아 모든 세계를 지으셨느니라"(히 1:1-2)

우리가 사는 시대를 표현하는 방식은 많다. 21세기, 포스트모던 시대, 세계화 시대, 과학기술 시대 등. 하지만 기본적으로, 그리고 근본적으로 우리는 '마지막 때'에 살고 있다. 그 의미를 얼마나 아는지에 따라 이 말이 매우 낯설게 들릴 수도 있고 흥분될 수도 있을 것이다. 사실, '마지막 때'라는 개념을 둘러싼 많은 혼란이 있을 수 있다.

신약 성경은 이 표현을 단순히 예수님의 초림과 재림의 중간 시기를 나타내기 위해 사용한다. 예수님은 오셨고, 오실 것이다. 우리는 구원 역사의 두 큰 무대 사이에 살고 있다. 예수님이 처음 오셔서 그분의 나라가 이 땅에 임했고, '마지막 때'가 현실로 시작되었다. 그분의 삶과 죽음과 부활과 승천은 모두 하나님의 영이 일하고 계심을 가리킨다. 그리고 하나님의 영이 일하신다면 "하나님의 나라가 이미 너희에게 임하였느니라"(마 12:28)라고 예수님은 가르치신다.

그러므로 예수님은 무리에게 하나님의 나라를 받아들이라고 초대하시면서 '현재 시제'로 말씀하신다(막 10:15; 눅 18:17). 미래의 영역이 아닌 현존하는 실재, 즉 현재 예수님의 다스림과 통치로 들어가는 것에 대해 말씀하신다.

그래서 하나님의 나라는 '현재'다. 하지만 하나님의 나라는 '그때'이기도 하다. 우리가 미래에 고대하는 무언가가 주 예수님의 다시 오심으로 온전히 시

작된다. 예수님이 재림하실 때, 그분은 온전히 그의 나라를 세우실 것이다. 그때 그분은 믿는 자들에게 "나아와 창세로부터 너희를 위하여 예비된 나라를 상속받으라"(마 25:34)고 환영하실 것이며, "물이 바다를 덮음같이 여호와를 아는 지식이 세상에 충만할 것"이다(사 11:9). 과거에 그 왕과 함께 먼저 도착한 그 나라는 미래에 완전하고 영광스럽게 이루어질 것이다.

그러므로 그리스도인은 '마지막 때'라고 언급된 중간 단계에서 살고 있다. 그리스도 안에 있는 사람들은 새 피조물에 속하지만 새 피조물로서의 모든 유익과 복을 아직 다 받지는 못했다. 당분간 신자들은 현시대, 즉 죄로 얼룩진 타락한 세상에서 다가올 시대를 기다리며 살아간다.

그렇다면 왜 그리스도의 초림과 재림 사이가 이렇게 오래 걸리는 듯 보이는가? 왜 지체되는가? 그것은 하나님이 예수님의 재림을 일부러 늦추시기 때문이다. 더 많은 사람이 예수님이 하신 말씀을 듣고 회개하며 믿을 기회를 얻게 하시기 위해서다(벧후 3:9). 마지막 때는 '문이 닫히기 전, 그 나라에 들어갈 기회의 날들'이다.

우리가 사는 시대가 어떤 시대이며, 누가 오셔야 이 시대가 끝나는지 우리는 알고 있다. 그러므로 성경은 이렇게 묻는다. "너희가 어떠한 사람이 되어야 마땅하냐"(벧후 3:11). 그리고 답한다. "주 앞에서 점도 없고 흠도 없이 평강 가운데서 나타나기를 힘쓰라 또 우리 주의 오래 참으심이 구원이 될 줄로 여기라"(벧후 3:14-15). 다시 말해, 오늘 '마지막 때'가 끝나고 주 예수님이 영광 중에 다시 오신다면, 우리는 그분을 기쁘게 해드리는 방식으로 살고 있어야 하며 그분을 선포하는 말들을 하고 있어야 한다.

 누가복음 17장 20-37절

3월 22일
장엄한 항복

"유다가 군대와 대제사장들과 바리새인들에게서 얻은 아랫사람들을 데리고
등과 횃불과 무기를 가지고 그리로 오는지라
예수께서 그 당할 일을 다 아시고 나아가 이르시되 너희가 누구를 찾느냐
대답하되 나사렛 예수라 하거늘 이르시되 내가 그니라 하시니라…
그들이 물러가서 땅에 엎드러지는지라"(요 18:3-6)

복음서의 저자들은 모두 예수님의 생애에서 일어난 사건들을 비슷하게 기록하고 있지만, 예수님의 정체성에 대해 각자 강조하는 바가 조금씩 다르다. 요한복음의 의도 중 하나는 예수님의 우월성을 확립하여, 예수님을 깎아내리고 수모를 주기 위해 의도되었던 상황에서도 그분이 승리하셨음을 보여주는 것이다. 예수님이 겟세마네 동산에서 체포되셨던 상황을 생각해보자. 예수님은 기꺼이, 그러나 권위를 가지고 항복하심으로써 그분이 세상의 구원자로서 가지는 위엄을 보여주셨다. 또 한때 사람들은 예수님께 억지로 왕관을 씌우려고 했지만, 예수님은 세상의 왕이 되는 것이 그분의 운명이 아님을 아셨기에 물러나셨다(요 6:15). 오늘 본문을 보면 병사들이 예수님께 강제로 십자가를 지우려고 왔을 때 그분은 펼쳐질 모든 일을 아셨다. 그들은 이 악명 높은 갈릴리 출신 목수를 찾으려면 분명히 광범위한 수색을 해야 할 것이라고 예상했다. 하지만 예수님은 위엄 있는 목소리와 눈빛, 그리고 그 순간을 더욱 빛나게 만드는 품위로 기꺼이 항복하셨다. 따라서 그들이 물러가서 땅에 엎드러진 것은 당연했다.

예수님이 자신을 신성모독자이자 범죄자로 취급하는 사람들에게 항복하셨을 때, 그분은 자신의 정체성을 부인하신 것이 아니다. 사실 예수님은 그분의 신적 정체성과 권위를 보여주는 언어를 사용하셨다. 예수님은 병사들에

게 자신이 나사렛 예수이심을 알리실 뿐 아니라, 자신이 불타는 떨기나무에서 모세에게 나타났던 바로 그분과 동일하다는 것을 알리기 위해 "내가 그니라"(요 18:5; 참조. 출 3:14)라는 구절을 사용하셨다. 이는 몇 달 전 사람들이 그분을 돌로 치려 했을 때 하셨던 것과 같은 말이며, 자신은 스스로 존재하는 살아계신 하나님이라고 분명히 주장하신 것이었다(요 8:58-59).

이제 그 하나님이 제자들의 저항을 멈추고, 그분을 죽이려는 대적들을 허락하기 위해 앞으로 걸어 나오신다. 왜인가? 그리스도께서 그 동산에서 앞으로 나오신 것은 그의 제자들을 보호하기 위해서만이 아니라 그의 백성에게 필요한 것을 공급하시기 위해서다. 그분은 죄악된 인간을 위한 대속물이자 오랫동안 기대되어 오던 모든 것의 성취자로서 앞으로 걸어 나오셨다. 그분은 자신이 앞으로 걸어 나가는 것이 무슨 의미인지 정확히 아셨다. "그리스도께서도 단번에 죄를 위하여 죽으사 의인으로서 불의한 자를 대신하셨으니 이는 우리를 하나님 앞으로 인도하려 하심이라"(벧전 3:18).

그리스도께서 기꺼이 항복하시면서도 신적 권위를 보여주시며 십자가를 향해 다음 단계를 밟으셨기에, 그 희생이 우리의 구원을 이루었다. 그분은 십자가로부터 도망치지 않으셨고 오히려 십자가를 향해 결연하게 나아가셨다. 그리고 그분은 우리를 위해 그 일을 하셨다.

하나님의 독생자가 하늘에서 내려와
나와 같은 아이를 구하기 위해 죽으신 것은
얼마나 놀라운 일인가!
이보다 더 놀라운 일은 없으리.[11]

 요한복음 18장 1-14절

3월 23일
좋고 온전한 모든 선물

"온갖 좋은 은사와 온전한 선물이
다 위로부터 빛들의 아버지께로부터 내려오나니
그는 변함도 없으시고
회전하는 그림자도 없으시니라"

(약 1:17)

선물을 사려는데 선물 받는 사람이 무엇을 원하고 필요로 하는지 전혀 몰랐던 적이 있는가? 어떤 사이즈와 어떤 색깔의 옷을 사야 할지, 아이의 나이에 맞는 장난감이 무엇인지 몰라 결국엔 두 손 두 발 다 들고 이렇게 말했을 수 있다. "그냥 뭐든 살래! 알아서 바꾸겠지. 내가 알 게 뭐야?"

선물을 주는 것은 생각만큼 쉽지 않고 즐거운 일도 아니다. 사실, 진짜 선물을 잘 고르는 사람도 언제나 완벽한 선물을 줄 수는 없다. 우리는 한계가 있기 때문이다. 우리에게는 통찰력과 지식이 부족하고 때로는 자원도 부족하며, 딱 맞는 선물을 주고 싶다는 의지도 부족하다. 이 점에서 우리는 하나님과 완전히 다르다. 하나님은 완벽한 선물을 주시는 분이며, 오직 완벽한 선물만 주실 수 있는 분이기 때문이다. 그분은 선하시고 관대함이 넘치신다. 그분은 돌려받을 생각 없이 주시고, 받는 사람에 따라 그분의 선함을 제한하지도 않으신다. 그분이 주시는 선물은 다시 바꿀 필요가 전혀 없다.

하나님은 완벽하게 관대하실 뿐 아니라 그 관대함은 절대 변하지 않는다. 아무리 좋은 부모라도 세상의 부모는 일관성이 없을 수 있다. 따라서 적당한 때에 올바른 방식으로 자녀에게 다가가야 한다. 또한 자녀들은 때를 잘 선택해야 한다. 나는 10대 때 아버지의 보디랭귀지를 잘 읽었다. 그래서 이렇게 생각하곤 했다. '지금은 새 운동화를 사달라고 말할 타이밍이 아니군.'

하지만 하늘 아버지께 나아갈 때는 그런 고민을 할 필요가 없다. 그분은 이랬다저랬다 하지도 않으시고 쉽게 화를 내지도 않으신다. 우리는 그분이 언제나 가장 합당하게 행동하실 것을 확신할 수 있다. 하나님이 제대로 알아차리지 못하신다거나, 할 능력이 안 되신다거나, 해주기 싫어하시는 때는 절대 없다. 우리는 그리스도를 통해서 그분께 언제든 나아갈 수 있고 그분은 우리 마음의 소원과 매일의 필요에 늘 응답하신다.

우리는 하나님의 자녀이며, 아버지께서 우리에게 사랑을 표현하는 방법 중 하나는 완벽한 선물을 주시는 것이다. 그러므로 그분의 자녀가 보이는 반응은 감사다. 우리가 아버지의 성품을 잘 안다면, 비록 그 선물이 우리 스스로는 고르지 않았을 선물이더라도 어떻게 감사하지 않을 수 있겠는가? 그러므로 주의를 기울여 자신이 받은 복을 매일 헤아려 보라. 모든 좋은 것이 그분이 주신 선물임을 기억하라. 그리고 그분께 이렇게 말씀드리라.

오 하나님 나의 아버지, 당신은 얼마나 신실하신지요!
당신에게는 회전하는 그림자도 없으십니다.
제게 필요했던 모든 것을 당신의 손이 공급해 주셨습니다.
주님, 저를 향한 당신의 신실하심은 위대합니다!12

 시편 103편

3월 24일
편애의 어리석음

"요셉은 노년에 얻은 아들이므로
이스라엘이 여러 아들들보다 그를 더 사랑하므로
그를 위하여 채색옷을 지었더니
그의 형들이 아버지가 형들보다 그를 더 사랑함을 보고
그를 미워하여 그에게 편안하게 말할 수 없었더라"(창 37:3-4)

누군가를 편애하는 것은 어리석은 일이다.

구약에 나오는 하나님의 백성 이야기에서도 편애를 볼 수 있는데, 아마도 요셉 이야기가 가장 대표적일 것이다. 요셉은 그의 아버지 야곱의 특별한 관심을 받았다. 요셉은 야곱이 노년에 얻은 아들이었고 그가 평생 사랑한 라헬의 아들이었다. 그래서 야곱(하나님이 이스라엘로 이름을 바꿔주신)은 다른 아들들보다 그를 더 사랑했다. 이 편애의 뿌리에서 야곱 집안의 여러 가지 나쁜 열매들이 나왔다.

야곱은 그가 직접 만든 "채색옷"이라는 선물로 자신의 편애를 드러냈다. 그것은 요셉이 즐겨 입던 옷이었으며, 분명한 편애의 표시였다. 이 논란의 옷은 형들에게 요셉에 대한 강렬한 적대감을 불러일으켰다. 그리고 그들의 적대감에서 악의와 살의가 생겨났다. 그들은 결국 자신의 동생을 노예로 팔고 그의 죽음을 가장하기까지 했다.

옷 선물이 그런 반응을 불러일으킬 정도였으니 분명 문제는 그보다 훨씬 더 심각했을 것이다. 그 이면에는 뿌리 깊은 죄가 있었다. 그들의 문제는 그 옷의 가치가 아니라, 그 옷 때문에 요셉이 그들과 다른 계급이 되었다는 사실에 있었다. 야곱은 요셉에게 이 선물을 줌으로써 요셉을 그의 형제들보다 높였고, 이것이 그들의 마음을 병들게 했다. 누군가를 편애한다는 것은 언제나 편애받지 못하는 사람이 있음을 나타낸다. 이로 인해 편애받는 쪽에서는 교만과 자만이 생기고, 편애받지 못하는 쪽에서는 분노와 슬픔이 생긴다. 아마도 우리는 편애를 받거나 혹은 편애받는 자리에서 소외되어 생기는 폐해를 경험해 보았을 것이다.

사실 야곱은 자신이 부당한 편애의 대상이었으므로 그것을 더 잘 알았어야 했다. 야곱의 어머니는 그의 형보다 야곱을 더 사랑했고 그로 인해 혼란이 일어났다. 요셉과 그의 형들의 관계처럼 에서와 야곱의 관계도 수년 동안 해를 입었다.

우리는 자신이 야곱이나 그의 아들들과는 다르다고 너무 성급하게 결론짓지 말아야 한다. 자신은 그런 비슷한 일을 절대 하지 않을 거라는 듯이 말이다. 우리는 관계 안에서 편애의 어리석음과 그에 수반되는 분노에 대해 잘 안다. 편애는 누구나 할 수 있는 흔한 잘못이지만, 그로 인해 깊고 어둡고 파괴적인 그림자가 드리운다.

야곱의 어리석음을 불구경하듯 하지 말고 그에게서 배우자. 모든 관계는 하나님이 주신 특별한 선물이다. 어떤 이유에서든 우리가 주변 사람들을 편애하는 만큼 그것이 관계를 망가뜨릴 수 있다는 사실을 확실히 알아야 한다. 반대로, 우리가 친구나 가족, 이웃에게 분명한 사랑과 애정을 골고루 보여준다면, 그것은 하나님을 높이는 일이 되며 하나님이 우리에게 주신 사람들의 마음을 격려하는 일이 될 것이다.

 창세기 37장

3월 25일
그리스도인답게 생각하기

"끝으로 형제들아 무엇에든지 참되며
무엇에든지 경건하며 무엇에든지 옳으며 무엇에든지 정결하며
무엇에든지 사랑 받을 만하며 무엇에든지 칭찬 받을 만하며
무슨 덕이 있든지 무슨 기림이 있든지 이것들을 생각하라"
(빌 4:8)

생각이 바로 그 사람을 나타낸다. 생각이 그 사람의 행동의 뿌리이며, 생각을 통해 사랑도 하게 된다. 따라서 바른 것을 생각하고 바른 방법으로 생각하는 법을 배우는 일은 절대적으로 중요하다. 다른 말로 하면 그리스도인답게 생각하는 것을 배워야 한다.

그리스도인답게 생각한다는 것은 다른 모든 개념을 덮어두고 명시적으로 기독교적인 주제만 생각하는 것이 아니다. 이것은 오늘 본문에서 발견한 그리스도인다운 생각과는 맞지 않는다. 성경은 우리가 실제로 모든 것을 생각하되 성경적인 관점으로 생각하기를 배워야 한다고 가르친다(고후 10:5). 우리는 하나님의 말씀이라는 계시된 진리의 렌즈를 통해 음악, 기술, 의학, 예술, 정의, 자유, 사랑 등 인간 존재의 전 영역을 생각해야 한다.

이를 알았던 바울은 우리 생각의 틀을 구성하는 자질을 열거했다. 바울은 그리스도를 따르는 자로서 우리의 생각은 진리와 영예와 정의와 순결과 같은 자질에 의해 감독받고 관리되어야 한다고 말했다.

바울은 "무슨 덕이 있든지" 그것들을 생각해야 한다고 말했다. 그가 사용한 '덕'이라는 단어는 헬라어로 '아레테'(*areté*)인데 '미덕'을 나타내는 가장 포괄적인 단어다. 다른 말로 하면 바울은 우리의 사고방식을 정기적으로 점검하는 기준을 제시한 것이다. 우리는 하나님의 말씀을 보고 이렇게 질문할 수

있다. "내가 생각하기로 선택한 것과 그것을 생각하기 위해 선택한 방식이 미덕에 맞는가? 하나님이 기뻐하시는 것일까?"

이것은 무척 어려운 일이다! 이렇게 생각하는 습관은 어떤 노력도 없이 저절로 생겨나지 않는다. 이런 태도를 기르고 싶다면 하나님의 말씀을 밤낮으로 묵상해야 한다(수 1:8). 마음을 새롭게 하여 계속 변화하려고 애쓸 때(롬 12:2), 우리는 하나님께 영광을 돌릴 수 있을 뿐 아니라 대화 중에 복음을 주장할 능력도 기를 수 있다.

그러므로 우리의 생각을 살피고 삶에서 이 구절을 적용하려 할 때, 다음 세 가지 질문을 던져보자.

내가 더 생각해야 할 것이 있는가?

덜 생각하거나 아예 생각하지 말아야 할 것이 있는가?

다르게 생각해야 할 것이 있는가?

 시편 1편

3월 26일
하나님의 사랑 안에서 자신을 지키기

"하나님의 사랑 안에서 자신을 지키며
영생에 이르도록
우리 주 예수 그리스도의 긍휼을 기다리라"

(유 1:21)

하나님은 "능히 너희를 보호하사 거침이 없게 하시고"(유 1:24) 우리를 믿음 안에서 인내하게 하실 수 있지만, 그럼에도 우리가 그리스도인의 삶을 지속하는 데 적극적인 역할(즉, 그분의 사랑 안에 자신을 계속 두는 것)을 하도록 요구하신다.

하나님의 사랑을 구하는 것은 우리 삶에서 계속되어야 한다. 그래서 성경은 이에 대해 많은 말을 한다! 믿음의 길은 타성에 젖은 채로 갈 수 있는 여정이 아니다. 우리의 믿음은 저절로 강해지지 않는다. 그렇다면 하나님의 사랑 안에 자신을 지킨다는 것은 어떤 모습일까?

첫째, 성경은 우리가 하나님을 향한 사랑을 보존하기 위해 지속적으로 모든 죄를 미워하는 상태에 있어야 한다고 가르친다(참조. 잠 8:13; 시 97:10; 롬 12:9). 죄와 어울리고 죄를 즐기도록 자신을 허용하면 하나님을 향한 우리의 사랑은 쇠퇴할 수밖에 없다.

둘째, 하나님이 교회에 주신 법들을 기뻐하면 하나님을 향한 우리의 사랑이 커질 수 있다. 예를 들어, 예수님은 특별한 방식으로 우리를 만나는 수단으로써 성만찬을 제정하셨다. 이는 우리가 그분의 사랑을 알고 그분을 사랑하도록 예수님이 자신을 드러내신 것이다. 하나님이 제정하신 은혜의 수단에 참여하지 않으면서 그분과 건강한 관계를 유지한다는 것은 불가능하다.

셋째, 우리가 하나님의 사랑 안에서 자신을 지키는 것은 개인적인 추구일 뿐 아니라 공동체의 노력이라는 사실을 기억해야 한다. 우리는 개별적으로 그리스도께 나아오지만 혼자서 그분 안에 사는 것이 아니다. 우리는 산 돌 같이 신령한 집으로 세워지며 믿는 자들의 거룩한 제사장이 될 것이다(벧전 2:5). 그러므로 하나님을 사랑하는 사람들과 깊고 정직한 우정을 키워가는 것은 우리가 하나님을 사랑하는 데 도움이 된다. 중립적인 관계라는 것은 없다. 믿음 안에서 자라고 싶다면 경건한 친구들을 동료로 삼아야 한다.

우리 믿음이 자라기 위해서는 행동과 책임이 필요하다. 그러나 또한 "영생에 이르도록 우리 주 예수 그리스도의 긍휼을" 기다리려면(유 1:21) 인내심도 필요하다. 우리는 우리 몸의 구속과 하나님의 목적이 완벽하게 이루어지기를 간절히 기다리면서(롬 8:23), 죄에서 돌이켜 새로운 성품을 갖고 그 안에 성령님이 내주하시는 사람들과 함께 그분의 은사를 누리면서 하늘 아버지와의 관계가 깊어져야 한다.

"항상 복종하여 두렵고 떨림으로 너희 구원을 이루라 너희 안에서 행하시는 이는 하나님이시니"(빌 2:12-13). 우리는 우리의 구원을 위해 일하는 것이 아니라, 삶의 모든 영역에서 그 구원을 살아내야 한다. 오늘 어떤 죄와 싸워야 하는가? 어떤 방식으로 깊은 그리스도인의 우정을 추구해야 하는가? 하나님의 사랑 안에서 자신을 지키라.

요한일서 5장 12-21절

3월 27일
희생으로 구원받다

"…그 피가 너희가 사는 집에 있어서
너희를 위하여 표적이 될지라
내가 피를 볼 때에 너희를 넘어가리니
재앙이 너희에게 내려 멸하지 아니하리라"

(출 12:13)

우리는 성만찬에서 무엇을 하는가? 왜 그리스도인들은 떡과 잔을 기념하는가?

이 질문에 답할 때, 모세까지 거슬러 올라가서 생각하는 사람은 많지 않다. 모세 이야기를 가까이서 보면 갈대 상자나 불타는 떨기나무, 열 가지 재앙 등 단편적인 모습만 보게 된다. 하지만 멀찍이 떨어져서 본다면 하나님의 큰 그림을 바라보며 그 영광을 나눌 수 있다.

하나님은 그의 백성 이스라엘의 출애굽을 위해 애굽 땅을 심판하면서 열 가지 재앙을 내리셨고, 그 마지막 재앙으로 인해 애굽의 모든 장자가 죽었다. 사실 이스라엘의 장자들도 죽었어야 했다. 그들도 죄가 있었고 죄의 결과는 죽음이기 때문이다(롬 6:23). 하지만 하나님은 유월절을 통해 그들을 위한 탈출 방법을 제공하셨다. 주님은 문설주에 우슬초로 바른 희생양의 피를 보시고, 그 집을 넘어가셨다(출 12:22-23).

구약에서 이 '유월'(passing over)의 사건은 하나님의 위대한 구원 행위였다. 이 사건을 통해 하나님은 그의 백성에게 한 가지 중요한 원리를 가르치셨다. 그것은 '하나님은 대속을 통해 구원하신다'는 원리다. 하나님이 그 백성을 구원하신 것은 짐승들이 그들 대신 희생되었기 때문이다. 모세의 기록에 따르면, 그날 밤 애굽에서는 "죽임을 당하지 아니한 집이 하나도 없었"다(출

12:30). 아들이 죽거나 어린양이 죽었다. 하나님의 백성은 자신의 죄 때문에 죽어야 마땅했지만, 하나님이 명령하고 제공하신 다른 희생을 믿었기에 구원받을 수 있었다. 구약에서 하나님의 백성은 매년 이 사건을 회고하면서 하나님이 대속물을 통해 구원하신다는 위대한 진리를 기억했다.

그 모든 세월과 그 모든 제사는 세례 요한이 예수님이 오심을 보고서 "보라 세상 죄를 지고 가는 하나님의 어린 양이로다"(요 1:29)라고 말한 순간의 중요성을 강조하고 있다. 여기에 유월절 어린양처럼 그 백성을 죄에서 구원하고 자유롭게 하려고 하나님이 준비하신 분이 있었다.

이스라엘의 출애굽은 인류의 위대한 출애굽의 전조다. 즉 하나님의 심판을 받을 수밖에 없었던 사람들이 그들을 대신해 십자가에서 흘리신 그리스도의 피를 믿을 때 죄에서 자유롭게 된다. 이스라엘이 노예에서 해방되었을 때 자유를 얻었던 것처럼 모든 족쇄가 풀린다.

다음 성만찬 때는 모세와 불타는 떨기나무와 유월절 이야기를 생각해보라. 그런 다음, 우리가 성만찬을 행하는 이유가 예수님이 우리의 희생제물이시기 때문이라는 사실을 기억하라. 그분은 하나님의 어린양이시며, 우리의 대속물이시다. 우리에게는 두려워할 심판이 없다. 십자가에서 이미 심판의 값이 치러졌고 처리되었기 때문이다. 우리는 이제 약속의 땅을 향해 가고 있다.

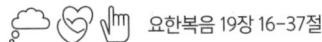 요한복음 19장 16-37절

3월 28일
단단한 음식

"…너희가 듣는 것이 둔하므로…너희가 다시 하나님의 말씀의 초보에 대하여
누구에게서 가르침을 받아야 할 처지이니
단단한 음식은 못 먹고 젖이나 먹어야 할 자가 되었도다
이는 젖을 먹는 자마다 어린 아이니 의의 말씀을 경험하지 못한 자요
단단한 음식은 장성한 자의 것이니…"(히 5:11-14)

식당에 갔는데 모든 손님이 젖병으로 우유를 먹고 있다고 상상해보라. 얼마나 기괴한 모습인가! 하지만 이것이 히브리서 기자가 당시 유대 그리스도인들에게 더욱 그리스도를 닮아가라고 촉구했을 때 그들의 상태였다. 히브리서 기자는 많은 사람이 믿음 안에서 안주해버린 것을 알아챘다. 그들은 이미 가르치는 사람이 되었어야 했지만 다시 기본부터 배워야 할 처지였다.

이 신자들이 성경의 원리를 이해하는 데 어려움을 겪은 것은 히브리서 기자가 내민 주제가 어려워서도 아니고 그들에게 명확하게 설명할 능력이 없어서도 아니었다. 오히려 그들은 의도적으로 배우려 하지 않았다. 히브리서 기자가 그들에게 "듣는 것이 둔하므로"라고 했을 때 '둔하다'라는 단어는 그가 이후에 "게으르지 아니하고"(히 6:12)라고 경고할 때 사용했던 '게으르다'라는 단어와 같다. 히브리서 기자는 그들의 게으른 태도를 참아주지 않고 "믿음과 오래 참음으로 말미암아 약속들을 기업으로 받는 자들을 본받는 자"(히 6:12)가 되라고 권면한다.

이 초기 그리스도인들이 만약 성경의 개념을 주의 깊게 듣고 파악하려고 애썼지만 실천하는 데 어려움을 느낀 사람들이었다면, 히브리서 기자가 그렇게 엄하게 대하지는 않았을 것이다. 그런 경우가 아니었다. 그들은 교회의 구성원으로서 열정적으로 진리를 받아들이려고 애써야 했지만 너무 무관심했

기 때문에 책망받았다. 그들의 열정은 사라져버렸고, 더 이상 집중하지 않았다. 그 결과 그들은 진리를 이해하지 못했으며, 나아가 하나님의 진리로 변화되지 못했다.

우리도 깨어있지 않으면 똑같은 일이 일어난다. 시리얼이나 토스트, 우유만 먹고 살 수는 없다. 여러 가지 음식 중 하나로 우유를 먹는 것은 괜찮다. 하지만 우유만 먹는다면 괜찮지 않다. 우유를 주식으로 먹는 것은 갓난아기일 때나 허용되는 일이다. 우리는 갓난아기에 머물러 있어서는 안 된다. 좀 더 영양가 있는 음식을 먹는 법을 배우고 우리의 미각을 넓혀야 한다.

계속해서 "예수 그리스도의 은혜와 그를 아는 지식에서 자라 가라"(벧후 3:18)는 말씀을 목표로 삼아, 진정한 그리스도인의 경험이 함축하는 것들과 씨름하라. 선포된 복음의 좋은 소식을 듣고 마음속으로 '아, 나 그거 알아. 이제 안 들어도 돼'라고 말하는 사람이 되지 말라. 주일 아침 예배가 한 주 내내 먹을 영적 음식으로 충분하다고 여기는 사람이 되지 말라. 얕은 물에서 놀면서 말씀의 풍성함이 있는 깊은 곳으로 가기를 애쓰지 않는 사람이 되지 말라. 복음을 사랑하고, 하나님의 은혜로 복음 듣기를 싫증 내지 않는 사람이 되라. 하나님 말씀을 사랑하고 그 말씀을 먹고 마시기를 좋아하며, 그 말씀의 위대한 주제인 우리 주님이자 구원자이신 분을 닮아가면서 반복해서 그 진리에 의해 감동하는 사람이 돼라.

 시편 119편 33-48절

3월 29일
진정한 이스라엘

"이스라엘이 어렸을 때에
내가 사랑하여 내 아들을 애굽에서 불러냈거늘
선지자들이 그들을 부를수록 그들은 점점 멀리하고
바알들에게 제사하며 아로새긴 우상 앞에서 분향하였느니라"

(호 11:1-2)

예수님이 태어나셨을 때 마리아와 요셉은 헤롯의 박해로부터 아기를 보호하기 위해 예수님을 이집트로 데려갔다. 마태는 그 사건을 기록하면서 오래 전에 기록된 호세아의 말을 인용해 그 말이 예수님에 의해 성취되었다고 설명한다(마 2:13-15). 하지만 호세아는 개인이 아니라 민족을 언급했던 것이었다("그들을 부를수록 그들은 점점 멀리하고… 분향하였느니라"). 그렇다면 마태는 성경을 무심코 인용한 것일까?

하지만 마태는 자신이 하는 일을 정확히 알았다. 그는 일부러 예수님을 이스라엘과 동일시했다. 하나님이 그의 사랑하는 백성(그의 '아들')을 이집트에서 불러내어 약속의 땅에서 그분을 예배하게 하셨듯이, 지금 마태는 하나님이 그의 외아들 주 예수님을 애굽에서 불러내어 약속의 땅으로 돌아가게 하셨다고 말한다. 그러나 예수님은 이스라엘 백성처럼 광야에서 유혹을 받으셨지만 그들과 달리 죄를 짓지 않으셨다(마 4:1-11; 참조. 출 32:1-6). 예수님은 진정한 이스라엘, 참 아들이시다.

예수님은 사역을 시작하실 때 열두 제자를 선택하셨다(마 10:1-4). 이것은 의미 있는 숫자다. 예수님은 열둘을 선택하심으로써 하나의 선언을 하고 계셨다. 진정한 이스라엘이신 그분은 새로운 이스라엘에 속하는 사람들을 부르셨다. 이스라엘의 열두 지파가 아닌 이제 열두 제자가 그 기초가 되었다. 이 선택을 통해 하나님의 백성의 초점이 재조정되었다. 그때 이후로 진정한 이스라엘은 현재의 중동에서 찾을 수 없으며, 아브라함의 생물학적 후손들로 구성되어 있지도 않다. 오히려 하나님의 백성은 아브라함의 영적 자손들(유대인과 이방인 모두)로 구성되어 있다. 하나님의 자녀는 예수님 안에서 성취된 하나님의 약속을 믿음으로써 아브라함의 본을 따르는 자들이다.

바울은 그 약속이 "은혜에 속하기 위하여 믿음으로 되나니"(롬 4:16)라고 말한다. 우리가 유대인인지 이방인인지, 부자인지 가난한지, 남자인지 여자인지는 중요하지 않다. 무슨 일을 했는지도 중요하지 않다. 항상 같은 원리가 적용된다. "너희가 그리스도의 것이면 곧 아브라함의 자손이요 약속대로 유업을 이을 자니라"(갈 3:29). 우리는 "다 그리스도 예수 안에서 하나"다(갈 3:28). 십자가 밑의 땅이 평평하듯, 복음은 모두에게 동일하다. 교회에 한 번도 다닌 적이 없고 어떤 기준이나 신조도 없이 살아온 사람들에게 구원이 필요하듯, 종교적이고 도덕적인 사람들에게도 구원이 필요하다. 우리가 전할 하나의 이야기가 있는데, 그것은 우리 모두에게 필요한 유일한 이야기다.

우리가 불완전하다는 것은 거부할 수 없는 사실이다. 첫 번째 이스라엘처럼 우리도 아버지를 떠나 방황하며 우상을 숭배하기 쉽다. 하지만 완벽하게 의로우며 진정한 이스라엘이신 예수님이 우리 죄를 짊어지고 죽으셨기에 우리는 그분께 나아가 그분의 자비에 의지할 수 있게 되었다. 우리가 그분의 위대한 무리에 함께하고 진정한 이스라엘 왕국에 들어가게 된 것은 우리 자신의 정체성이나 우리가 한 일 때문이 아니라, 예수님의 정체성과 예수님이 하신 일 때문이다. 그분이 예전이나 지금이나 사랑받으시듯이 오늘 우리도 예수님을 믿는 믿음을 통해 하나님의 자녀가 된다(갈 3:26).

 마태복음 4장 1-11절

3월 30일
한없는 유익

"누구든지 제 목숨을 구원하고자 하면 잃을 것이요
누구든지 나를 위하여 제 목숨을 잃으면 찾으리라
사람이 만일 온 천하를 얻고도 제 목숨을 잃으면 무엇이 유익하리요
사람이 무엇을 주고 제 목숨과 바꾸겠느냐"

(마 16:25-26)

예수님은 질문하는 데 전문가셨다. 특히 사람들이 가던 길을 멈추고 주의를 기울이게 되는 그런 질문을 잘하셨다. 만약 우리가 예수님의 질문을 받는다면, 오늘 본문의 제자들처럼 그 질문이 의도한 것을 회피하지 않도록 조심해야 한다.

우리 영혼을 희생해 얻는 이득에 대한 예수님의 질문은 언뜻 이기적인 개인에게 심판이 임박했다는 경고로 이해될 수 있다. 마치 "동생과 나누어 먹지 않으면 어떤 일이 일어날지 알게 될 거야!"라는 엄마의 경고처럼 들린다. 하지만 이 특별한 질문은 관찰의 연장선상에 있다. 예수님은 우리가 자신의 죄악된 열망들(소유, 업적, 원하는 정체성)에 맞춰 결정하고 살아갈 때 어떤 일이 일어나는지 지적하고 계신다. 그리고 그런 방식으로 살면 자신의 생명을 잃게 될 거라고 말씀하신다.

그러므로 여기서 예수님이 말씀하신 '목숨을 잃는 것'은 즉각적이면서도 영원한 상실이다. 우리가 생명을 스스로 얻을 수 있는 것으로 생각한다면 사실상 생명이 갖는 가장 큰 기쁨들을 놓치게 된다. 정말 살아 있는 것이 아니라 그저 존재하는 것으로 끝날 것이다. 게다가 우리 자신을 인생의 왕좌에 앉힌다면, 우리는 예수님을 그분이 있어야 할 자리에서 몰아내는 것이다. 이는 그리스도를 따르기 위해 욕망을 버리는 대신, 본성상 우리가 더 선호하는 현

실을 긍정하는 것이다. 그리고 계속 이런 식으로 산다면 그리스도께서 그의 백성에게 주기 원하시는 영원한 생명이라는 선물을 잃을 것이다.

그렇다면 지금 여기서 어떻게 세상의 욕망과 싸워야 할까? 첫째, 17세기 수학자이자 신학자인 블레이즈 파스칼(Blaise Pascal)이 말했듯이, 우리 존재의 가장 깊은 곳에는 하나님 모양의 구멍이 있어서 하나님 외에는 어떤 것도 그 공허를 채울 수 없음을 알아야 한다. 우리는 순간의 쾌락을 추구하기 위해서가 아니라 살아계신 하나님과 관계를 누리기 위해 존재한다. 둘째, 우리는 계속해서 우리 영혼의 가치를 반추해야 하는데 그 가치는 예루살렘 밖에서 일어난 끔찍한 장면에서 입증되었다. 그 장면은 죄 없는 그리스도께서 멸시당하고 거부당하며, 창에 찔리고 마음에 상처를 받고 모욕당하며 십자가에 못 박히신 것이다. 이 사건은 우리가 하나님과 바른 관계를 맺고 값없이 영생을 얻게 하도록 일어났다. 예수님의 희생은 우리 영혼의 영원한 운명이 하나님께 얼마나 중요한 것이었는지를 보여준다.

예수님을 구원자요 왕으로 따르고 그분의 가치를 세상 어떤 보화보다 값지다고 인정하는 것은 순간적인 결정이 아니다. 그것은 매일 살아내야 할 일생의 헌신이다. 만약 날마다 그분의 십자가로 나아올 준비가 되어 있다면, 겸손히 그분이 누구신지 고백하고 자신의 생명, 선호도, 안락함, 부를 포기하라. 그렇게 할 때 지금부터 영원토록 받을 유익이 한이 없을 것이다. 매일 하루를 시작하면서, 예수님이 길에서 제자들에게 물었던 질문을 자신에게 던져보자. "사람이 만일 온 천하를 얻고도 제 목숨을 잃으면 무엇이 유익하리요?"

 마태복음 16장 13-27절

3월 31일
부르짖기

"이스라엘이 파종한 때면
미디안과 아말렉과 동방 사람들이 치러 올라와서…
이스라엘이 미디안으로 말미암아 궁핍함이 심한지라
이에 이스라엘 자손이 여호와께 부르짖었더라"

(삿 6:3, 6)

우리가 아무 힘이 없을 때가 믿음을 배울 가장 좋은 때다.

사사기 6장 앞부분에서, 이스라엘 백성은 다시 여호와의 목전에 악을 행했다(1절). 이스라엘 백성은 그들이 처한 어려운 환경이 그들의 불순종과 관련되어 있다는 사실을 제대로 배우지 못하고 쉽게 잊어버렸다. 그래서 반역과 회개의 악순환에 갇혀버리곤 했다. 결국, 이스라엘 백성은 하나님이 그들과 소통하기 위해 그들을 울부짖을 수밖에 없는 상황으로 몰아넣으신다는 사실을 어렵게 배웠다. 하나님은 그분의 영광과 그들의 유익을 위해 그렇게 하셨다. 하나님은 오늘날에도 우리를 위해 같은 일을 하신다. 즉 자기 힘으로는 아무것도 할 수 없음을 아는 사람들의 삶에서 하나님의 목적을 이루어가신다. 예수님이 하나님 나라를 주겠다고 약속하신 사람은 자신의 힘으로 충분하다고 생각하는 사람이 아니라 "심령이 가난한" 사람이다(마 5:3).

어떤 사람은 예수님을 따르기만 하면 모든 일이 술술 풀릴 거라고 오해한다. 하나님이 언제나 즉각적으로 어려움을 없애주실 거라고 생각한다. 자신이 원하는 방식이나 원하는 때에 응답하지 않으시면 하나님이 정말로 자신에게 가장 좋은 것을 아시는지 의심한다. 오늘 우리도 그런 상태일 수 있다.

성경은 우리가 하나님께 도움을 구하면 도와주신다고 반복적으로 약속한다. "낮의 해가 너를 상하게 하지 아니하며 밤의 달도 너를 해치지 아니하리로다 여호와께서 너를 지켜 모든 환난을 면하게 하시며 또 네 영혼을 지키시리로다 여호와께서 너의 출입을 지금부터 영원까지 지키시리로다"(시 121:6-8). 하지만 이러한 하나님의 약속의 성취는 바위투성이거나 어두운 계곡, 혹은 불편한 대기실 같은 데서 이루어지는 경우가 많다.

하나님은 사사기에서 그의 백성을 다루시며, 정죄하는 말씀으로 그들을 돌아오게 하셨다. 예언자는 백성을 정죄하는 하나님의 말씀을 전하며 그들이 무엇을 알아야 하는지 상기시켰다. "내가 너희를 애굽에서 인도하여 내며 너희를 그 종 되었던 집에서 나오게 하여… 이르기를 나는 너희의 하나님 여호와이니… 너희가 내 목소리를 듣지 아니하였느니라"(삿 6:8, 10). 하지만 하나님의 심판이 선언되리라 예상되던 바로 그때, 이야기의 흐름이 약간 달라지면서 이런 말씀을 듣게 된다. "여호와의 사자가 기드온에게 나타나 이르되… 여호와께서 너와 함께 계시도다"(12절).

하나님이 날마다 자비를 베푸시는 대신 우리가 마땅히 받아야 할 심판을 내리셨다면 우리는 지금 어디에 있을까? 하나님은 이스라엘 백성이 마땅히 받아야 할 심판을 내리지 않으셨고 우리에게도 그렇게 하지 않으셨다. 하나님의 자비와 은혜는 끝이 없다. 하지만 하나님은 그 선하심 속에서도 종종 우리 삶에 일어나는 어려운 일들을 사용하셔서 우리에게 필요한 것이 오직 하나님 한 분임을 가르치신다. 좋은 것을 잃는 것은 고통스럽지만, 그것은 또한 하나님께 부르짖는 기회가 되고 그분 안에서 진정한 힘과 평안과 소망을 발견하게 한다. 우리의 기도를 들으시는 하나님이 우리에게 무엇이 최선인지 잘 아신다는 소망으로 그분께 부르짖으며 도움을 구하라.

 로마서 5장 1-11절

"3월 한 달간 말씀과 동행한 기록을 남겨주세요."

April

4월

4월 1일
열렬한 기대

"그뿐 아니라 또한 우리
곧 성령의 처음 익은 열매를 받은 우리까지도
속으로 탄식하여
양자 될 것 곧 우리 몸의 속량을 기다리느니라"
(롬 8:23)

그리스도인의 경험은 놀라우면서 동시에 도전적이다.

우리는 용서받았으며, 하나님의 가족으로 입양되었다. 우리는 자연적인 친화감보다 더 깊이 흐르는 서로 간의 교제를 누린다. 우리는 천국에 대한 확실한 소망으로 천국을 간절히 기다린다. 우리에게는 우리 안에 거하는 하나님이신 성령님이 계신다. 하지만 그렇다고 이 타락한 세상의 현실을 벗어나는 것은 아니다. 좌절도 하고, 가슴 아픈 일도 있고, 실망도 하고, 신음하기도 한다. 이 땅에서 살면서 천국을 조금 맛보지만 아직 천국에 간 것은 아니다.

그리스도인이라고 해서 늙지 않거나 죄를 짓지 않는 것은 아니다. 우리도 아프고 몸은 쇠약해진다. 죄와 늘 씨름하고 믿음에 대한 반대에 부딪히기도 한다. 17세기 웨스트민스터 신학자들이 기록했듯이, 사실 그리스도인은 죄와 "지속적이고 화해가 불가한 전쟁"을 치르고 있다.[13]

그리스도인은 계속되는 죄와의 싸움으로 인해 온갖 영적이고 신학적인 혼란을 겪을 수 있다. "왜 나는 여전히 불순종하는가?"라는 의문이 들 수 있다. 이럴 때 우리는 그리스도인의 삶에서 하나님이 진행하시는 구원 역사의 '세 가지 시제'를 기억할 필요가 있다.

우리가 그리스도 안에 숨겨져 있다면 우리는 죄의 형벌에서 이미 구원을 **받았다**. 예수님이 십자가에서 죽으심으로 우리의 죄를 담당하고 대신 벌을 받으셨기 때문에 우리는 심판의 날을 전혀 두려워하지 않아도 된다. 그리고 현재 우리는 죄의 권세에서 구원을 **받고 있다**. 이것은 지금도 계속되는 하나님의 사역이다. 우리 중 누구도 세상 이편에서는 죄를 짓지 않고 살 수 없다. 그러나 하나님이 우리 안에서 역사하시기에, 우리는 잘못된 것에 대해 아니라고 말하고 옳은 것에 대해 그렇다고 말할 수 있다. 마지막으로, 그리스도께서 다시 오실 때 우리는 죄의 존재 자체로부터 구원을 **받을 것이다**.

천국을 조금씩 맛볼 수 있기에 우리는 미래에 완성될 그 나라를 간절히 기다리게 된다. 그래서 바울은 이렇게 말한다. "속으로 탄식하여… 우리 몸의 속량을 기다리느니라." 우리는 간절한 기대로 그리스도의 재림을 기다려야 한다!

우리 그리스도인은 천국 시민의 신분으로 세상에 나가서 이방인이자 나그네로 잠시 이 세상을 살아간다. 하지만 영원히 본향을 떠나 살지는 않을 것이다. 언젠가 예수님이 다시 오실 때 우리는 부활의 몸으로 그분의 완벽한 나라에서 그분과 함께하게 될 것이다. 오늘, 이곳이 전부인 것처럼 살지 말라. 최고의 날은 아직 오지 않았으니 앞을 내다보며 살라. 아직은 우리가 그곳에 있지 않지만 그날은 반드시 올 것이다.

 요한계시록 22장

4월 2일
거할 새로운 장소

"내게 말하는 자가 그 성과 그 문들과
성곽을 측량하려고 금 갈대 자를 가졌더라
그 성은 네모가 반듯하여 길이와 너비가 같은지라
그 갈대 자로 그 성을 측량하니 만 이천 스다디온이요
길이와 너비와 높이가 같더라"(계 21:15-16)

과거에는 하나님이 예루살렘 성전에서 그의 백성 이스라엘 가운데 거하셨는데, 그 성전이 파괴되고 말았다. 바벨론 느브갓네살왕의 손에 그 성전이 파괴된 후, 하나님은 새 성전을 짓겠다고 약속하셨다(겔 40-43장). 두 번째 예루살렘 성전이 건축되긴 했지만, 그것은 첫 번째의 그림자였고 약속의 성취는 분명히 아니었다(학 2:2-3). 그리고 그 약속은 예수님의 삶과 죽음과 부활과 승천을 통해 궁극적으로 성취되었다(요 2:19-22).

성전에서 하나님의 임재는 완벽한 정육면체 모양의 안쪽 성소인 지성소에 집중되어 있었다. 그곳에는 오직 한 사람 대제사장만 들어갈 수 있었고 그것도 일 년에 한 번만 들어갈 수 있었다. 그러다가 여러 세기가 지난 후 첫 번째 성전이 먼 기억이 되었을 때, 사도 요한은 하나님의 영원한 왕국이라는 새 도시에 대한 환상을 받았고 그것은 완벽한 정육면체 모양이었다. 그러나 그것은 이제 중동의 한 도시에 있는 건물에 들어갈 만한 지성소가 아니라, 요한의 시대에 알려졌던 세계만큼이나 넓은 면적을 가진 지성소였다.

새 창조에서는 하나님의 임재가 집중된 특정한 장소가 없을 것이다. 하나님을 만나기 위해 방문해야 할 특정한 건물도 없을 것이다. 하나님과 우리 사이에 거리가 없을 것이기 때문이다. 요한은 "성 안에서 내가 성전을 보지 못하였으니"(계 21:22)라고 말한다. 그날에 하나님은 우리가 아직 이해할 수 없는 방식으로 완전하고 장엄하게 그곳에 계실 것이다. 그래서 모든 곳이 성전이 될 것이다. 이는 완전히 새로운 무언가의 급진적인 모습이다. 환경적으로 그 변화가 너무나 광대하고 풍부하고 폭넓어서, 사도 바울은 "하나님이 자기를 사랑하는 자들을 위하여 예비하신 모든 것"을 우리가 상상할 수 없다고 기록했다(고전 2:9).

우리가 그리스도와 연합되었다면 하나님은 성령님을 통해 우리와 함께하신다. 그러나 우리가 하나님을 아는 지식과 그분과 갖는 친밀감은 여전히 제한적이다. 우리의 현 상태는 분명히 우리가 고대할 전부가 아니며, 그분이 우리를 위해 의도하신 전부도 아니다. 그것은 아직 오지 않았지만 반드시 올 것이다.

하나님과의 이런 상상할 수 없는 친밀감을 간절히 기대하며 살아가는가? 만약 하나님과 함께 거할 이 영원한 처소를 진심으로 기대한다면, 우리는 분명 삶을 정결하게 하고 친구와 친척과 이웃들이 그리스도를 알도록 열심을 낼 것이다. 우리에게 이런 큰 소망이 있음을 안다면 그리스도께서 정결하신 것처럼 우리도 정결해질 것이다(요일 3:3). 그리고 다른 사람에게 삶과 입술로 예수님을 전하지 않을 수 없을 것이다.

 요한계시록 21장 9-27절

4월 3일
예수님이 우리 가운데 서 계신다

> "이 날 곧 안식 후 첫날 저녁 때에
> 제자들이 유대인들을 두려워하여 모인 곳의 문들을 닫았더니
> 예수께서 오사 가운데 서서 이르시되
> 너희에게 평강이 있을지어다"
>
> (요 20:19)

예수님이 부활하신 후 처음으로 제자들에게 나타나셨을 때, 제자들은 그들의 지도자를 십자가에 못 박은 당국이 다음에 무슨 일을 할지 두려워하며 문을 잠그고 몸을 움츠리고 있었다. 하지만 잠긴 문으로는 예수님을 막을 수 없었다! 그 무엇도 예수님이 그들의 삶으로 다시 들어와 그들의 구원자이자 살아 있는 소망이심을 증명하는 일을 막지 못했다. 그들은 예수님을 눈으로 볼 수 있었고, 목소리를 들을 수 있었고, 만질 수 있었고, 알 수 있었다. 그분은 지금 우리에게도 같은 방식으로 다가오신다. 우리가 지금 어디에 있든, 그동안 무슨 일을 했든, 그리스도께서는 우리의 삶, 곧 우리의 슬픔, 어두움, 두려움, 의심으로 들어오셔서 "너희에게 평강이 있을지어다"라고 선포하시며 자신을 드러내고 알리신다.

우리는 어쩌면 믿음의 문제에 질문하기 바쁜 '의심 많은 도마'일지 모른다. 질문은 어느 정도는 좋고 건강하다. 도마는 예수님께 "당신의 상처에 내 손가락을 대보지 않고는 당신을 믿지 않겠습니다"라고 솔직하게 말했다. 예수님은 도마에게 "좋다. 그게 너에게 중요하다면, 자 여기 있다"라고 대답하셨다(참조. 요 20:24-29). 예수님은 우리의 의심을 만족시키실 수 있다. 또 우리는 베드로처럼, 그리스도의 제자라는 자신의 정체성을 쉽게 부인하고 자신이 한 일에 쉽게 정죄감을 느끼는 그런 사람일 수 있다. 예수님께 수없이 질문을 퍼

부었지만 어린 여종의 질문에 무너진 베드로를 예수님은 받아주셨다. 그리고 그의 고백을 당신의 교회를 세우는 반석으로 삼으셨다(마 16:18). 예수님은 우리의 단점에도 불구하고 우리를 받아주시고 그 단점을 우리의 삶을 변화시키는 도구로 사용하신다. 어쩌면 우리는 수치스러운 과거에서 벗어나지 못한 채 예수님의 사랑과 수용을 받을 자격이 없다고 느끼는 막달라 마리아 같은 사람일 수 있다. 하지만 하나님은 예수님이 부활하신 후에 처음 만나는 사람을 주일학교 교사가 아닌, 죄로 가득한 과거를 가졌고 귀신 들려 고통받았던 이 여자로 정하셨다. 부활하신 그리스도께 처음으로 받아들여진 사람이 이런 사람이었다는 것은 우연이 아니다. 하나님은 지금도 우리에게 동일한 구원의 포용을 베푸신다.

예수님은 잠긴 문을 통과하실 수 있으며, 굳은 마음을 통과하실 수 있다. 예수님은 자신의 죽음과 부활을 통해 죄악된 인간과 의로운 하나님 사이의 간극을 메우셨다. 우리는 그분이 값없이 주시는 구원을 받아야 한다. 매일 우리 마음에서 이것을 새롭게 해야 한다.

당신은 예수님을 전적으로 받아들였는가? 그분을 매일 받아들이는가? 매일 아침 그분의 복음을 자신에게 선포하는가? 이렇게 믿는 것은 하나님을 섬기는 일에 우리 자신을 바친다는 의미다. 우리는 구세주로서 그분의 주되심에 우리 자신을 복종시킨다. 하나님의 약속을 마음에 새기고 그분이 값없이 주시는 구원을 받아들인다. 이 믿음을 가질 때, 우리는 슬픔과 어두움과 두려움과 의심을 이긴다. 그리고 하나님이 우리 옆에서 그것들을 영원하고 내밀한 평화로 바꾸시는 것을 본다. 부활하신 그리스도께서 "너희에게 평강이 있을지어다"라고 하시는 말씀을 들으라.

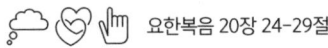 요한복음 20장 24-29절

4월 4일
성경에서 그리스도를 보기

"이스라엘 사람들아 이 말을 들으라…
나사렛 예수로…"

(행 2:22)

해가 갈수록 나는 한밤중에 깨는 일이 잦아지곤 한다. 자다가 깨면 걱정에 휩싸일 때가 종종 있다. 목사로서 나의 걱정 중 하나는, '내가 성경 전체에서 그리스도를 보고 가르치고 있는가?'이다.

그리스도께 집중하지 않고도 성경을 공부하는 것이 가능하다. 아주 체계적인 방식으로 성경을 이해한 자신에 대해 자랑스러울 수 있지만, 그렇게 하다 보면 그 방식에 매료되어 그리스도를 보지 못하는 위험에 처할 수 있다.

사도행전 2장에서 베드로가 대중에게 설교할 때 그는 이렇게 말했다. "이스라엘 사람들아 이 말을 들으라."(그의 어투가 권위 있게 들린다. 그렇지 않은가?) 그런 다음 이어지는 말에 주목하라. "나사렛 예수로…." 베드로는 사람들이 느끼는 필요에 호소하거나 복음의 실용적인 이익을 제시하는 말로 시작하지 않았다. 또 일련의 교리를 내세우거나 전제들을 제시하면서 말을 시작하지도 않았다. 오히려 그는 먼저 예수님이 누구신지, 왜 예수님이 오셨는지, 예수님이 무슨 일을 하셨는지부터 말했다.

베드로의 가르침은 가슴을 울렸고, 은혜에 뿌리를 두었으며, 그리스도께 집중했다. 이러한 가르침에는 대가가 따른다. 모든 사람이 대가를 지불할 준비가 되어 있지는 않다. 그리스도를 진정으로 알고 나누는 것보다는 그날의 이슈들을 이야기하는 것이 훨씬 쉽다. 때로는 성경을 가장 중요하게 여기는 교회에서조차 그렇다. 우리를 가끔 불안하게 하고 우리 삶의 방식에 도전을 주는 그리스도보다는 우리가 선호하는 교리를 논하는 것이 좀 더 편하다는 것을 발견하게 된다. 그러나 하기 어려운 일이 또한 해야 할 옳은 일일 때가 많다. 온갖 일에 대해 통찰력을 얻거나 가르침을 준다 해도 예수님의 구원 이야기를 뺀다면 얼마나 심각한 에너지 낭비인가!

성경은 그 초점과 완성을 그리스도 안에서 발견한다. 하나님의 말씀이 우리 안에 얼마나 깊이 심겨 있는지 알 수 있는 진짜 능력은, 성경 이야기를 술술 풀어내는 능력이 아니라 성경 전체에서 예수님을 보는 능력이다. 예수님은 기독교 신앙의 출발이실 뿐 아니라 그것의 총합이시다. 그리스도를 넘어서는 것이 아니라 그리스도 안으로 더 깊이 들어가는 것을 목표로 삼으라.

성경을 열 때마다 이것을 우리의 기도로 삼으라.

예수를 더 알기 원하네.
다른 이들에게 예수의 은혜를 더 보여주기 원하네.
그분의 구원하시는 온전함을 더 보기 원하네.
나를 위해 죽으신 그분의 사랑을 더 보기 원하네.

예수에 대해 더 배우기 원하네.
그분의 거룩한 뜻을 더 분명히 알기 원하네.
하나님의 영이시여, 나를 가르치소서.
그리스도의 일을 내게 보여주소서.**14**

 누가복음 24장 13-35절

4월 5일
하나님의 규칙과 복

"세계가 다 내게 속하였나니
너희가 내 말을 잘 듣고 내 언약을 지키면
너희는 모든 민족 중에서 내 소유가 되겠고"

(출 19:5)

순종은 유행에 한참 뒤떨어졌다. 하지만 그리스도인의 삶에서는 매우 중요하다.

오늘날 우리는 반권위주의 시대에 살고 있다. 그래서 정말 좋은 사람들도 권위에 대해 부정적인 태도를 보이는데 이것은 전혀 이상한 일이 아니다. 한때 교회 내에서 신성하게 여겨졌던 성경의 권위도 지금 일부 사람들에게는 그리 유쾌하게 여겨지지 않는다. 그러나 하나님의 권위를 멀리하고 우리 조건에 맞는 자유를 찾다 보면 하나님의 복에서 멀어지는 결과를 가져온다.

아담과 하와가 에덴동산에서 하나님의 규칙을 어겼을 때, 그들은 하나님으로부터 분리되었다. 그들은 하나님의 임재라는 복을 저버렸다. 하나님의 율법을 거부하면 우리를 만드신 분과 분리되고 그분의 복에서 멀어진다. 과거에도 그랬고 앞으로도 그럴 것이다. 반대로, 하나님의 규칙을 회복하면 하나님이 당신의 백성을 위해 계획하신 교감과 교제의 복을 항상 누리게 된다.

하나님의 규칙과 복이라는 약속은 이스라엘의 역사 동안 하나님이 율법을 주심으로 성취되었다. 율법에 대한 이스라엘의 순종은 구원을 얻기 위한 필사적인 시도가 아니라 그들이 이미 받은 구원에 대한 반응이었다. 하나님이 먼저 하나님의 백성에게 손을 내밀어 그들을 붙드셨고 그들을 구원하셨으며 애굽의 종살이에서 풀려나게 하셨다. 그런 다음 율법이 그들에게 주어졌다.

다시 말해, 하나님은 구원을 얻기 위한 방법이나 하나님의 백성이 되는 방법으로 율법을 주지 않으셨다. 오히려 이스라엘 백성을 구원하신 후에 그들에게 은혜의 조건으로 율법을 주셨다. 그들이 어떻게 하나님의 통치 아래 살아가고 그분이 주시는 복을 누릴 수 있는지 알게 하신 것이다. 이 원리가 뒤바뀌면 모든 것이 잘못된다. 우리의 노력으로 하나님과 바른 관계를 맺을 수 있다고 생각하면, 우리는 율법주의에 꽉 붙들려 살게 될 것이다. 또 하나님이 우리를 구원하셔서 우리가 그분의 통치 아래서 삶을 누릴 수 있다는 사실을 잊은 채 그분의 규칙이 우리 목적과 맞지 않을 때마다 그 율법을 무시한다면, 우리 삶은 복을 거의 누리지 못할 것이다.

하나님의 율법이 우리를 구원하는 것이 아니다. 하지만 그것은 우리를 자유롭게 하는 온전한 율법이므로 실천하는 자는 그 행하는 일에 복을 받을 것이다(약 1:25). 우리는 하나님에 의해 죄에서 구원받은 사람들로서, 기쁘게 순종하는 길을 선택함으로써 그분이 주신 구원에 반응해야 한다.

주와 함께 동행할 때
그의 말씀의 빛 속에서
우리 길은 얼마나 영광스러운가!
우리가 그분의 선한 뜻을 행할 때
그분은 여전히 우리와 함께하시네.
믿고 순종할 모든 이와 함께하시네.**15**

 시편 119편 49-64절

4월 6일
기뻐하시는 제사

"내게는 모든 것이 있고 또 풍부한지라
에바브로디도 편에 너희가 준 것을 받으므로 내가 풍족하니
이는 받으실 만한 향기로운 제물이요
하나님을 기쁘시게 한 것이라"

(빌 4:18)

곰곰이 생각할수록 놀라운 개념이 있다. 바로 우리가 하나님을 기쁘시게 할 수 있다는 것이다.

정말 놀라운 생각이다. 우리의 창조주께서 우리의 행동으로 기뻐하신다니! 그러나 성경은 이것이 사실이라고 말한다. 그리스도인은 하늘 아버지께서 기뻐하시는 삶을 살려고 애쓴다. 우리가 하나님께 순종하는 데 있어 가장 큰 성경적 동기는 우리가 사는 방식이 "하나님을 기쁘시게" 할 수 있다는 사실이다(살전 4:1). 또한 이렇게 할 수 있는 방법 중 하나는 '하나님이 기뻐하시는 제물'인 후히 베푸는 행동을 통해서다.

바울은 빌립보 교회의 구제 행위를 표현할 때 구약의 동물 제사를 연상시키는 단어를 사용했다. 구약에서는 하나님의 백성이 번제물을 가져오면 이 제물들을 태워 향을 피워 올렸고 희생제물은 향기로운 냄새를 냈다. 어떤 의미에서 이는 하나님 보시기에 그 제물이 기쁘게 받아들여졌음을 상징했다. 같은 방식으로 하나님은 1세기뿐 아니라 21세기에도 당신의 백성에게 말씀하신다. "너희의 구제가 내 마음과 통하는 진심에서 우러나올 때 그것은 아름다운 향기를 내고 너희의 제물은 내게 기쁨이 된다."

이러한 구제를 생각할 때 '희생'이라는 단어를 너무 쉽게 지나쳐서는 안 된다. 관대한 구제가 반드시 희생적인 구제를 의미하는 것은 아니다. 많은 신자

들이 그렇듯이, 우리는 자신의 삶이나 환경에 어떤 영향도 미치지 않으면서 얼마든지 관대할 수 있다.

예수님은 제자들에게 이것을 지적하시면서, 한 가난한 과부가 성전에서 십일조를 드리는 모습에 집중하게 하신다. 예수님은 그 과부가 보잘것없는 동전 두 개를 헌금하는 것을 보시면서 그녀 옆에 있던 부자가 낸 헌금과 비교하며 이렇게 말씀하셨다. "이 가난한 과부가 다른 모든 사람보다 많이 넣었도다 저들은 그 풍족한 중에서 헌금을 넣었거니와 이 과부는 그 가난한 중에서 자기가 가지고 있는 생활비 전부를 넣었느니라"(눅 21:3-4). 부자는 관대했다. 그러나 그 과부는 희생적이었다. 그녀는 드리기 위해 포기했다. 주님은 그것을 알고 그 모습에 기뻐하셨다.

우리는 본성상 희생적으로 드리는 자들이 아니다. 하지만 받고, 주고, 보살피고, 나누고 하는 그리스도인의 여정 전체는 처음부터 끝까지 은혜로 가득 차 있다. 우리가 하나님을 기쁘시게 하기 위해 마음을 다해 희생적으로 하나님께 드릴 때, 그분은 이렇게 약속하신다. "그리스도 예수 안에서 영광 가운데 그 풍성한 대로 너희 모든 쓸 것을 채우시리라"(빌 4:19). 하나님이 주신 모든 것, 지금도 주고 계신 모든 것, 앞으로도 주실 모든 것을 생각할 때, 우리는 마음을 열어 희생하면서도 기쁘게 드릴 수 있다. 그리고 그렇게 할 때 우리는 하나님을 기쁘시게 한다.

빌립보 교회 성도들의 행동과 그들의 입출금 내역서는 그들이 진심으로 이 진리를 믿었음을 보여준다. 우리는 어디까지 하고 있는가?

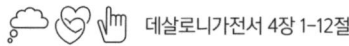 데살로니가전서 4장 1-12절

4월 7일
네가 깨끗하리라

"엘리사가 사자를 그에게 보내 이르되
너는 가서 요단 강에 몸을 일곱 번 씻으라
네 살이 회복되어 깨끗하리라 하는지라
나아만이 노하여 물러가며…"

(왕하 5:10-11)

역사와 사회학을 조금만 공부해도 인간에게는 이 망가진 세상을 고칠 능력이 없음을 알 수 있다. 얼마 전까지만 해도 사람들은 인간이 나쁜 짓을 저지르는 이유는 그들이 가난해서이며, 물질적인 필요를 채워주면 더 나은 행동을 하게 된다고 생각했다. 그러나 지금은 세계에서 가장 영향력 있는 나라의 사회학자들이 '욕심과 부패와 살인은 너무 많이 가진 결과'라고 설명한다. 전문가들과 세계 지도자들은 이런 외부적인 힘 앞에 당황한 채 엉뚱한 곳에서 답을 찾고 있다.

나아만에게는 그를 불행하게 하는, 그가 정말 해결하기 힘든 상황이 하나 있었다. 그는 자신이 원하는 치료는 무엇이든 받을 수 있는 자원을 가졌고 어떤 길이든 갈 준비가 되어 있었다. 문제는 그가 엉뚱한 곳에서 해결책을 찾았다는 것이다. 지위와 부, 권력이 있는 그의 지인들은 그가 바라던 치유를 줄 수 없었고, 그가 구원받기 위해 이스라엘 왕에게 한 요청은 실망만 안겨주었다. 이스라엘 왕은 자신이 도울 수 없다는 것을 알았기에 자기 옷을 찢었다(왕하 5:7).

이스라엘 왕의 이러한 반응은 오늘날 많은 세계 지도자들이 결국 하게 될 반응과 같다. 그들은 자신이 공적으로 할 수 있는 일을 찾아 세계를 돌아다닌다. 그러나 그들도 분명 어둠 속에서 자기 옷을 찢으며 이렇게 말할 것이다.

"이 문제를 어떻게 다뤄야 달라질 수 있지? 어떻게 해야 평화를 가져오지? 어떻게 해야 치료할 수 있지?"

왕이 할 수 없었던 것을 하나님의 선지자는 할 수 있었다. 그런데 그 치료법은 나아만에게 불쾌하게 들렸다! 나아만은 무언가 그럴듯한 치료법을 찾고 있었다. 자신의 높은 지위에 어울리고 자기가 얼마나 중요한지 더 강하게 느끼게 해주는 그런 방법 말이다. 그는 치료법이 너무 단순하지 않고 뭔가 인상적이어야 한다고 생각했다. 그래서 엘리사가 내민 치료법을 수치스럽고 우스꽝스럽게 여겼다.

한센병 환자는 오늘날 거의 사라졌지만 우리는 여전히 죄라고 불리는 흉측한 말기 상태의 질병을 갖고 살아간다. 하지만 많은 사람이 나아만이 그랬듯이 그 치료법을 들으려고 하지 않는다. 우리 죄를 위한 유일하고 충분한 치료법으로 그리스도께서 십자가에 못 박히셨다는 메시지는 "유대인에게는 거리끼는 것이요 이방인에게는 미련한 것"(고전 1:23)이었으며, 오늘날 많은 이들에게도 그렇다. 믿는 사람조차 죄의 문제를 해결하기 위해 무언가를 해야 한다고 생각하는 유혹에서 자유롭지 않다.

우리는 나아만이 결국 했던 대로, 매일 우리에게 필요한 치료법에 시선을 집중하고 겸손히 허리를 숙일 필요가 있다(왕하 5:14). 그럴 때 우리는 "네가 깨끗해질 것이다"라는 말이 과거가 되었음을 알고, 예수님이 이제 "너는 깨끗해졌다"(참조. 요 13:10-11; 15:3)라고 하신 말씀에 기뻐할 수 있다. 거울을 보면서 자신의 성품이나 행위 안에 치료법이 있다고 생각하지 말라. 오히려 믿음의 창문을 통해 십자가를 보고 그분이 이 모든 일을 행하셨음을 알라.

 열왕기하 5장 1-14절

4월 8일
하나님은 자기 백성의 무죄를 입증하신다

"할 수 있거든 너희로서는 모든 사람과 더불어 화목하라
내 사랑하는 자들아 너희가 친히 원수를 갚지 말고
하나님의 진노하심에 맡기라 기록되었으되
원수 갚는 것이 내게 있으니 내가 갚으리라고 주께서 말씀하시니라…
악에게 지지 말고 선으로 악을 이기라"(롬 12:18-19, 21)

아이가 집에 왔는데 친구의 말이나 행동 때문에 화가 많이 났다고 상상해 보라. 아이는 산보다 더 큰 상처에 눈물을 글썽거리며, 상처를 준 아이와 다시는 말하지 않겠다고 하거나 언젠가 되갚아 줄 계획을 세울지도 모른다.

그런데 부모가 아이한테 친구를 용서하고 우정을 회복하자는 쪽지를 써보라고 제안했고, 다음 날 아이가 즐거운 모습으로 돌아와 이렇게 말했다고 상상해보자. "제가 해냈어요! 오늘 학교에 쪽지를 가져갔는데 그게 통했어요. 우린 서로 껴안고 화해하고 다시 친구가 되었어요. 정말 좋아요!"

이런 것이 바로 "할 수 있거든" 화목하게 살라는 바울의 요청에 순종하는 삶이다. 때로는 평화를 이루기 힘들 수 있다. 하지만 그것이 우리 때문이어서는 안 된다. 우리가 복수하려고 계획하기 때문이어서도 안 된다. 복수는 오직 하나님이 하시는 것이지 사람이 하는 것이 아니다.

솔직히 말하면, 우리 가운데 있는 대부분의 분쟁은 아이들 사이에서 일어나는 일의 어른 버전일 뿐이다. 불의를 만났을 때 우리의 반응을 보면 우리가 정말로 무엇을 믿는지가 드러난다. "악을 악으로" 갚는(벧전 3:9) 세상 방식을 따를 것인가, 아니면 그리스도의 마음을 따라 반응할 것인가?

우리가 겪는 모든 갈등과 상처는 예수님이 직면하고 느끼신 것에 비하면 아무것도 아니다. 그러나 예수님은 모욕당하셨을 때 모욕으로 갚지 않으셨

다. 고난받으셨을 때 저주하거나 협박하지 않으셨다. 우리는 예수님의 구원은 받아들이면서 그분이 보여주신 모범은 무시하는 엄청난 실수를 저질러서는 안 된다. 자기 명예를 회복하려 하고, 자기 행동의 동기를 변호하려 하고, 자신을 설명하고, 자신이 모든 잘못을 바로잡거나 모든 모욕을 갚아주려고 해서는 안 된다. 물론 이런 반응은 자연스럽게 나오기에 그 길로 가지 않으려면, 하나님이 정하신 때에 자기 백성의 무죄를 입증하신다는 사실을 신뢰해야 한다.

정의는 언젠가 이루어지겠지만 우리에 의해서는 아니다. 그러므로 오늘 우리가 평화의 손을 내밀어야 할 사람은 누구인가? 우리에게 사랑 대신 분노를 드러낸 사람이 있는가? 사랑하는 이여, 복수는 하나님께 맡기고 오늘 선으로 악을 이기라.

 베드로전서 2장 18-25절

4월 9일
모든 이름 위에 뛰어난 이름

"사람의 모양으로 나타나사 자기를 낮추시고
죽기까지 복종하셨으니 곧 십자가에 죽으심이라
이러므로 하나님이 그를 지극히 높여
모든 이름 위에 뛰어난 이름을 주사"

(빌 2:8-9)

성경 메시지를 가장 잘 요약한 말이자, 이 우주의 가장 근본적인 진리를 드러내는 문장은, '예수 그리스도는 주님이시다'라는 것이다.

대부분의 신학자들은 빌립보서 2장 9절에서 바울이 언급한 "이름"이 "주"(빌 2:11)일 수밖에 없다는 데 동의한다. 여기서 "주"에 해당하는 헬라어는 '퀴리오스'(*kyrios*)인데, 70인역(구약의 헬라어 역본)에서 6천 번 넘게 하나님의 이름인 '야훼'로 번역되어 사용되었다. 이 '야훼'라는 이름은 오늘날 대부분의 영어 번역본에서 '주'(Lord)로 표기된다.

바울은 예수님이 지상에서 사역하는 동안 당하신 수치를 말한 후에, 바로 이어 예수님을 하나님의 신적 이름으로 부른다. 이는 예수님의 신성을 강조하려는 의도가 담긴 것이다. 네 개의 자음으로 이루어진 '야훼'(YHWH)는 히브리어로는 발음할 수 없는데 이는 의도적인 것으로, 유대인들은 하나님의 신적 이름을 감히 입에 담을 수 없었다.

이렇게 말로 표현할 수 없는 하나님이신 야훼께서 성육신하신 그리스도로 이 땅에 오셨고 자신을 사람들에게 드러내셨다. 그분은 겸손히 십자가를 지셨고 그 후 가장 높은 곳(그분이 마땅히 있어야 할 곳)으로 올라가셨으며, "모든 이름 위에 뛰어난" 이름을 얻으셨다. 한 주석가는 이렇게 말한다. "그분은 말로 표현할 수 없는 이름을, 사람이 말할 수 있고 온 세상이 흠모할 만한 이름으로 바꾸셨다." 이 이름을 가진 그분 안에서 하나님의 위엄은 "온통 자비의 옷을 입었다."[16]

구약의 예언은 이 생각을 반복해서 강조한다. 이사야서 45장에서 하나님은 그분께만 적용되는 묘사를 하신다. "나 외에 다른 신이 없나니 나는 공의를 행하며 구원을 베푸는 하나님이라 나 외에 다른 이가 없느니라"(사 45:21). 한때는 그리스도와 그분을 따르는 자들을 공격하는 반대자였던 바울이 바로 이 개념을 그리스도께 적용해서 예수님의 신성을 극적으로 선포한다. 바울은 예수님이 사람들이 다 보는 앞에서 그분의 자리(우리를 대신해 수치를 당하기 위해 이 땅에 오시기 전에 마땅히 그분의 자리였던 곳)로 올라가셨다고 지적한다. 그분은 지금 아버지 오른편에 앉아계신다. 그분을 구세주로 아는 모든 사람은 그분의 위엄을 볼 수 있다. 그분의 정체성은 밝게 드러나며 의심의 여지가 없다.

하나님은 유일한 구원자시다. 그리고 예수님은 성경이 다음과 같이 말하는 바로 그 구원자시다. "이름을 예수라 하라 이는 그가 자기 백성을 그들의 죄에서 구원할 자이심이라"(마 1:21). 바울이 예수님을 만나고 몇 년이 지난 후 빌립보 교회에 보낸 편지를 보면, 그가 여전히 존경심과 사랑으로 예수님을 바라보고 있음을 알 수 있다. "예수 그리스도께서는 주님이시다. 그분은 모든 이름 위에 뛰어난 이름을 갖고 계신다." 바울은 이 진리에 친숙하다고 해서 결코 그 진리를 안일하게 받아들이지 않았다. 우리도 그래야 한다. 지금 잠깐 멈춰서 경외감을 가지고 다음의 말들을 되뇌어보라. 자기 백성의 구원자이신 예수…, 오래전에 약속된 왕이신 그리스도…, 그분은 말로 다 형용할 수 없는, 계시된 하나님이신 주님이시다. 그리고 우리는 그분을 "형제"라고 부르게 되었다(히 2:11).

 요한계시록 1장 9-20절

4월 10일

이방 사람에게 화평을

"…보라 네 왕이 네게 임하시나니 그는 공의로우시며 구원을 베푸시며
겸손하여서 나귀를 타시나니 나귀의 작은 것 곧 나귀 새끼니라
내가 에브라임의 병거와 예루살렘의 말을 끊겠고 전쟁하는 활도 끊으리니
그가 이방 사람에게 화평을 전할 것이요 그의 통치는 바다에서 바다까지 이르고
유브라데 강에서 땅 끝까지 이르리라"(슥 9:9-10)

예수님이 예루살렘에 들어가시는 과정은 드라마 같았다.

그동안 예수님과 제자들은 가능한 한 조용하고 비밀스럽게 군중을 피해 움직이시고는 했다. 그러니 예수님이 눈에 띄지 않게 예루살렘으로 들어가려고 하셨다면 당연히 가능했을 것이다. 하지만 예수님은 의도적으로, 성경에서 오랫동안 약속한 메시아 왕이 자신이라는 것을 선언하는 방식으로 들어가기로 하셨다.

그러나 당시 사람들은 예수님이 유대인의 왕이 되신다는 것의 의미가 무엇인지 몰랐다. 그래서 예수님에 대해 오해했다. 사람들은 이전에도 예수님을 강제로 왕으로 삼으려고 했는데, 예수님은 그들 몰래 **빠져나오셔야 했다**(요 6:14-15). 사람들이 생각하는 왕의 일과 예수님이 하실 일이 다르다는 것을 그분은 아셨다. 사람들은 엉뚱한 생각을 하고 있었다. 예수님이 어떤 정치적인 혁명에 가담하신 것이라 생각했다. 이에 대해 예수님은 "내 나라는 이 세상에 속한 것이 아니니라"(요 18:36)라고 답하셨다.

승리의 입성 속에서 군중의 외침에는 열정과 기대와 혼동이 뒤섞여 있었다. 그들은 로마 식민지 상태를 벗어나기 원했다. 민족적 회복과 정치적 혁명을 원했다. 그들에게는 정치적 투사가 필요했고, 예수님이 그들의 최고의 희망이었다. 그들은 예수님이 그들에게 결코 주시지 않을 것을 그분이 가져다

줄 거라고 믿었다. 군중이 "호산나!" 즉 "우리를 구하소서!"라고 외칠 때 그들은 개인적이고 영적인 구원을 생각한 것이 아니라 현재만을 생각하고 있었다.

우리가 복음을 우리 생각의 중심에 놓지 않으면, 우리도 그들처럼 열광적이고 희망적인 혼돈에 빠질 수 있다. 오늘날에도 많은 사람이 자신의 기대를 충족시켜 줄 예수, 가족과 이웃과 나라의 복을 위해 우리에게 편안함과 번영과 건강을 가져다줄 '구원자'를 만들어낸다. 하지만 그리스도께서는 병거를 탄 정복하는 민족주의자로 예루살렘에 들어가지 않으셨다. 그분은 겸손히 나귀를 타고 평화를 선포하는 모든 인류의 왕으로 오셨다. 그분의 완벽하고 보편적인 통치는 "바다에서 바다까지" 이어져 "이방 사람에게 화평을" 선포하는, 스가랴서 9장의 예언을 성취하는 것이다. 이것이 복음의 메시지요, 언제나 어디서나 모두에게 좋은 메시지다. 우리의 문제는 우리의 꿈과 요구가 너무 큰 것이 아니라 너무 작은 데 있다.

예수님은 그 당시 사람들에게 도전하셨던 것처럼 오늘 우리에게도 똑같이 도전하신다. 곧, 자신이 생각하는 예수님이 아닌 실제 예수님을 경배하라는 도전이다. 예수님께 우리가 원하는 모습이 되어 달라고 말하지 말라. 그보다는 우리가 그분이 원하시는 모습이 되는 것을 특권으로 여기라.

 스가랴서 9장 9-17절

4월 11일
칼을 치우라

"이에 시몬 베드로가 칼을 가졌는데
그것을 빼어 대제사장의 종을 쳐서 오른편 귀를 베어버리니…
예수께서 베드로더러 이르시되 칼을 칼집에 꽂으라
아버지께서 주신 잔을 내가 마시지 아니하겠느냐 하시니라"

(요 18:10–11)

예수님은 겟세마네 동산에서 체포되시며 궁극적으로 아버지께 복종하는 모습을 보여주셨다. 군사들이 왔을 때, 예수님은 이미 우리를 위한 구원의 잔이 되고자 고난의 잔(십자가에서의 죽음)을 마시기로 결심하셨다.

그런데 그때 앞으로 나선 제자는 누구였는가? 역시나 충동적인 시몬 베드로가 칼을 빼 들었다! 베드로는 혈기로 행동하고 말하는 데 누구보다 앞장섰다. 그는 물 위를 걸어 그리스도께 가려고 했고, 그리스도를 막아서려고도 했으며, 그리스도를 위해 자기 목숨을 버리겠다고도 했다. 하지만 그는 예수님을 변호하려고 나섰다가도 금세 두려움에 휩싸여 그분을 모른다고 부인했다.

스승이 체포되는 모습을 본 베드로의 그런 반응은 당연히 이해할 만하지만 철저히 실수였다. 베드로는 그리스도를 위해 싸우려고 했는데 실제로는 그리스도를 대항해 싸우고 있었다. 그는 예수님을 속죄 제물로 삼으려고 계획하신 하나님의 뜻에 정면으로 대항하고 있었다. 베드로의 예는 우리에게 중요한 교훈을 준다. 존 칼빈(John Calvin)은 이렇게 말한다. "우리의 열의를 누그러뜨리는 법을 배우자. 육체의 방탕함은 하나님이 명령하신 것보다 더 많은 것을 감히 감당하려고 근질거리는 법이다. 그러니 하나님의 말씀보다 무언가를 더 하려고 할 때마다 우리의 열의가 나쁘게 변질되지 않도록 조심하는 법을 배우자."[17]

예수님은 베드로의 행동에 교정이 필요하다는 것을 아시고 수사적인 질문을 던져 개입하셨다. "아버지께서 주신 잔을 내가 마시지 아니하겠느냐?" 예수님은 이 일이 있기 전에 기도하면서 하나님의 뜻을 받아들이셨고, 이후에 십자가 위에서도 "나의 하나님, 나의 하나님, 어찌하여 나를 버리셨나이까"(마 27:46)라고 부르짖으며 하나님의 뜻을 받아들이셨다. 고난을 통해 예수님의 영광은 확장되었고 믿는 모든 이에게 구원이 값없이 주어졌다. 베드로가 어떤 일을 하든, 이보다 더 나은 길은 없었다. 그러므로 이 길을 막아선 것은 그의 잘못이었다.

우리의 조급함이 하나님의 계획을 막아설 때, 우리는 이 비유적인 칼을 치우는 법을 배워야 한다. 하나님의 계획을 신뢰하고 그분의 시간표를 기다리며 그분의 명령에 따라 행동해야 한다. 성경 안에서 발견되는 위대한 이야기와 약속들과 진리들을 많이 알면 알수록 우리는 그분의 계획을 더 잘 이해하게 될 것이다. 하지만 그럼에도 그분의 방법이 다 이해되지 않아서 그분이 이끄시는 길을 거부하고 싶을 때가 있다. 어쩌면 지금이 그런 때일 수도 있다.

그렇다면 그리스도께서 베드로에게 하신 말씀을 명심하라. "칼을 칼집에 꽂으라!" 하나님의 사랑의 손길을 신뢰하고 그분의 명령에 순종하며 그분의 인도하심에 따르라. 그분은 "믿음의 주요 또 온전하게 하시는 이"시다(히 12:2). 그리고 그분이 쓰시는 이야기는 우리가 상상하거나 지어낼 수 있는 이야기보다 훨씬 더 영광스럽다.

 시편 23편

4월 12일
예수님과 무엇을 할 것인가?

"…내 나라는 여기에 속한 것이 아니니라…
네 말과 같이 내가 왕이니라
내가 이를 위하여 태어났으며 이를 위하여 세상에 왔나니
곧 진리에 대하여 증언하려 함이로라
무릇 진리에 속한 자는 내 음성을 듣느니라"(요 18:36-37)

예수님과 무엇을 할 것인가?

수난주일의 금요일 아침, 유대의 종교 지도자들은 예수님의 재판을 이어가기 위해 로마의 총독 본디오 빌라도 앞에 예수님을 세웠다. 복음서의 설명을 자세히 보면 하나님이 이 모든 사건을 어떻게 주권적으로 조직해 가시는지 알 수 있다. 그리스도를 십자가에 매달아 죽이려는 유대인들의 결심은 결국 하나님이 영원 전부터 세우신 계획을 성취하게 했다. 하나님은 그리스도와 빌라도의 대화도 계획하셨다. 빌라도가 예수님과 마주했을 때 그는 예수님의 정체성과 권위에 대해 의미심장한 질문을 했다. 그것은 영원한 파장을 일으키는 질문이었다. 다음 찬송가의 표현을 유심히 보라.

> 예수님이 빌라도의 궁전에 서 있네,
> 모두의 냉대와 저버림과 배신 속에서.
> 들어보라! 저 갑작스러운 외침은 무슨 의미인가?
> 예수님과 무엇을 할 것인가?

빌라도는 자신이 순전히 자연스럽고 지적인 차원에서 예수님을 조사한다고 믿었다. 하지만 "예수는 누구인가?"라는 질문에 답하는 것은 언제나 영적

이고 초자연적인 일이다. 예수님은 빌라도가 생각했던 정치적인 왕이 아니었고 천상의 왕이셨다. 예수님은 본질적으로 빌라도에게 이렇게 말씀하신 것이다. "내 왕국은 이 세상에서 그 기원을 발견하지 못한다. 내 왕국의 관심은 내 백성의 마음에서 일어나는 영적인 변화다. 내가 왕으로 온 이유는 하나님의 진리를 증거하기 위해서다." 하지만 빌라도는 불신에 눈이 멀어 이미 마음을 정하고 있었다. 그는 싫증과 경멸에 빠져 우리 모두 반드시 물어야 할 "예수님과 무엇을 할 것인가?"라는 가장 근본적인 질문을 회피하려 했다. 하지만 그는 어쩔 수 없이 이렇게 대답한 것이다. "나에 대한 그분의 주장과 나를 다스리는 그분의 통치를 거부할 것이며, 따라서 나를 구원하겠다는 그분의 제안도 거부할 것이다."

예수님과 무엇을 할 것인가?
중립은 없다.
언젠가 당신의 심장이 이렇게 질문할 것이다.
"그분은 내게 무엇을 하실 것인가?"[18]

중립은 불가능하다. 예수님의 통치 아래 살든 그렇지 않든 둘 중 하나다. 그러므로 아침에 일어나 성경을 덮어둔 채 이 세상 관심사가 가장 중요하다거나 전부인 것처럼 살아가지 말라. 우리의 삶에서 예수님이 설 자리가 없다거나 관심을 기울일 대상이 아닌 것처럼 살지 말라. 그분이 빌라도 앞에서 냉대받고 버림 받으셨기에 우리는 그분의 영원한 왕국에서 그분의 친구로 환영받게 되었다. 중립은 선택지가 아니다. 그런데 왜 거기에 서려고 하는가?

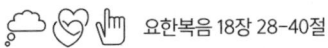 요한복음 18장 28-40절

4월 13일
비할 데 없는 겸손

"이에 예수께서 가시관을 쓰고
자색 옷을 입고 나오시니
빌라도가 그들에게 말하되
보라 이 사람이로다 하매"

(요 19:5)

저기 그리스도께서 계신다.

강제로 다른 사람의 옷을 입고 갈대를 지팡이처럼 잡으셨으며 그분의 머리는 가시관으로 찢겼다. 모두 그분의 왕권을 조롱하는 것들이다. 로마 총독 빌라도가 조롱하는 군중에게 이렇게 외친다. "보라 이 사람이로다!" 그는 경멸의 마음으로 이 말을 했지만 아이러니하게도 적절한 말이었다. 그곳에는 온 세상의 구원자가 비길 데 없는 겸손으로 차려입고, 세상에 대한 아낌없는 사랑으로 치장한 채 서 계셨다.

우리는 그리스도의 본을 통해 배울 것이 많다. 겸손한 왕께서는 그들의 조롱과 '죽음 전 죽음'과도 같은 잔인한 채찍질을 견디면서도 자기를 방어하는 말 한마디 하지 않으셨다. 그들은 무엇 때문에 그분을 정죄했는가? 18년 동안 몸이 굽어 펴지 못하던 여인을 고치셨기 때문인가?(눅 13:10-13) 나인성 과부의 죽은 아들을 살리셨기 때문인가?(눅 7:11-17) 나사로를 무덤에서 나오게 하셨기 때문인가?(요 11:1-44) 아이들을 무릎에 앉히시고 "천국이 이런 사람의 것이니라"고 말씀하시며 제자들이 그것을 이해하도록 격려하셨기 때문인가?(마 19:14) 그리스도를 고발하던 자들이 이런 식으로 그분을 학대하기 위해 스스로 찾아낸 근거는 무엇인가? 근거가 될 만한 것은 아무것도 없었다. 하지만 그들은 어쨌든 그렇게 했다.

우리의 겸손한 주님이 수많은 재판을 받으면서도 침묵을 지키시자, 빌라도는 무시당했다고 느끼며 화를 냈다. 여기에 엄청난 아이러니가 있다. 이 로마 총독이 우주의 왕 앞에서 자기의 권위를 주장하다니 얼마나 아이러니한가! 하지만 왕이신 그분은 시종일관 자신의 권위를 주장하거나 자신의 목숨을 구하려는 어떤 시도도 하지 않으셨다. 그분은 우리 모두를 위해 겸손히 부당한 재판을 받으셨고, 질문에 진실을 말씀하셨으며, 죽음을 향해 걸어가셨다.

스스로 물어보라. 빌라도 앞에 선 그분, 군중 앞에 선 그분, 아니 내 앞에 선 그분을 진실로 보고 있는가? 그분은 자신을 위해 아무것도 할 수 없는 무력한 개인이 아니시다. 그분은 성육신한 하나님이시다.

왜 그분이 이 겸손의 길을 가셨는지 아는가? "오, 구원의 계획을 이끈 그 사랑!"¹⁹ 바로 우리를 위한 사랑과 구원 때문이다! 2천 년 전, 총독 관저 밖에서는 안타까운 장면이 펼쳐졌다. 예수님이 그 길을 가신 이유는 그분의 눈앞에 우리의 이름이, 즉 잔인하게 못 박힐 그분의 손바닥에 새겨진 이름들이 있었기 때문이다(참조. 사 49:16).

우리는 그리스도의 겸손을 조롱하던 폭도와 같은 군중, 혹은 그리스도께 무언가 인상적인 것을 바라던 빌라도와 같은 사람이 되어서는 안 된다. 온전히 겸손하신 그분을 바라보아야 한다. 갈대를 잡고 가시관을 쓰고 자색 옷을 입고 십자가를 지신 그분을 바라보고, 그분이 손짓하여 부르시는 것을 바라보자. 주님을 보고 모든 의심을 넘어 우리를 향한 그분의 사랑이 끝이 없음을 알자.

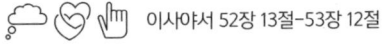 이사야서 52장 13절-53장 12절

4월 14일

비겁한 타협

"대제사장들과 아랫사람들이 예수를 보고 소리 질러 이르되 십자가에 못 박으소서 십자가에 못 박으소서 하는지라 빌라도가 이르되 너희가 친히 데려다가 십자가에 못 박으라 나는 그에게서 죄를 찾지 못하였노라 유대인들이 대답하되 우리에게 법이 있으니 그 법대로 하면 그가 당연히 죽을 것은 그가 자기를 하나님의 아들이라 함이니이다 빌라도가 이 말을 듣고 더욱 두려워하여"(요 19:6-8)

당신은 누구의 칭찬을 바라며 살겠는가?

그리스도께서 빌라도 앞에서 재판에 넘겨지셨을 때, 그 로마 총독은 반복해서 그분의 무죄를 선언했다. 하지만 동시에 그분께 끔찍한 행위가 가해지도록 명령했다.

빌라도는 "나는 그에게서 죄를 찾지 못하였노라"라고 말하고 나서, 예수님을 잔인하게 매질하도록 넘겨주었다. 정맥과 동맥과 내장이 노출될 정도로 상처와 열상을 일으키는 심한 채찍질이었다.

빌라도는 "나는 그에게서 죄를 찾지 못하였노라"라고 말하고 나서, 군병들이 예수님을 모욕하는 것을 허용했다. 그들은 그분께 가시 면류관을 씌우고 자색 옷을 입히고 조롱하듯 경배하며 조롱 섞인 대관식을 했다.

빌라도는 "나는 그에게서 죄를 찾지 못하였노라"라고 말하고 나서, 예수님이 죽임당하도록 사악한 처형대에 넘겨주었다.

빌라도는 예수님을 풀어주지 않았다.

예수님을 만난 사람 중에서 빌라도만큼 많이 고민했던 사람도 없다. 그는 큰 힘이 있으면서도 소신껏 행동할 용기가 부족했던 사람이었다. 그는 크게 성공했지만 자신의 입장을 타협하며 스스로 겁쟁이임을 드러내는 사람이었다. 그는 총독이었지만 자신의 연약함에 지배받는 사람이었다.

예수님이 누구신지와 관련해서 우리는 수동적이거나 우유부단한 태도를 취할 수 없다. 그분은 구원자이신가, 아니면 아무것도 아닌 존재인가? 이에 관한 결정을 회피하는 것은 빌라도가 그랬던 것처럼 그리스도와 완전히 멀어지는 일이다.

빌라도는 우리 각자에게 하나의 도전이다. 그의 행동은 우리 자신에게 이렇게 질문하게 한다. '나는 빌라도처럼 어떤 상황에서 옳은 일이 무엇인지 알면서도 사람들이 두려워 망설이는가? 나의 말이나 행동은 그리스도의 명령보다 다른 사람의 반응과 기대, 혹은 부와 지위, 승진 같은 것에 더 좌우되는가?'

그리스도와 관련해서 우리의 입장을 타협하지 말자. 친구나 이웃, 가족의 의견에 너무 많이 좌우되다 보면, 용서와 평화와 천국과 그리스도를 포기하고 지금 당장 편한 삶을 선택하게 된다. 그러니 더 용감해지자.

그리스도를 바라보자. 그분은 우리를 향한 사랑 때문에 매 맞고, 모욕당하고, 죽임당하셨다. 그리고 그분의 진리를 비웃는 사람들을 보자. 아마도 어떤 이는 큰소리로 거칠게, 또 어떤 이는 예의를 갖추면서 비웃을 것이다. 그리스도와 이 사람들 중에 누구의 기분을 상하게 하겠는가? 또 누구에게 "잘했다"는 칭찬을 듣겠는가?

그리스도께서는 우리를 부르셔서 우리가 그분을 위해 살도록 하신다. 오늘, 그분의 부르심에 응답하겠는가?

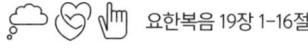 요한복음 19장 1-16절

4월 15일
해야 할 선택

"빌라도가 패를 써서 십자가 위에 붙이니
나사렛 예수 유대인의 왕이라 기록되었더라"

(요 19:19)

예수님이 십자가에 못 박히셨을 때, 그 위에는 '유대인의 왕'이라고 적힌 패가 붙었다. 이 패는 조롱하는 의미였지만 모든 사람이 증언할 진리를 선포하고 있었다. 그것은 곧 "이전에도 지금도 예수님이 진짜 왕이시다!"라는 진리다. 하지만 이 선포를 보며 우리는 또 스스로 질문할 수 있어야 한다. 나는 예수님을 내 인생의 왕으로 모시며 살고 있는가?

성경은 이 패가 세 개의 언어, 즉 1세기 예루살렘 근처에 살던 유대인 대부분이 사용하던 아람어와, 로마 제국의 공식 언어인 라틴어, 상업적 문화적으로 대중적으로 사용되던 그리스어로 쓰였다고 말한다(요 19:20). 이 세 개의 언어로 기록된 패를 보고 전 세계에서 온 증인들은 예수님이 왕이심을 알 수 있었다. 그 패를 읽을 때, 전 세계는 예수님이 그들에게 누구신지 선택해야 했다.

우리는 예수님의 죽음 이야기에 나오는 수많은 사람을 통해 그 세계(또한 우리 세계)의 축소판을 본다. 빌라도에게서는 교만하고 우유부단하고 계산적인 정치인의 모습을 본다. 예수님을 십자가에 못 박는 군인들에게서는 일상의 일을 수행하는 데 매몰된 사람들을 본다. 주님을 모욕하는 사람들에게서는 하나님과의 유일한 상호작용이 그분을 비웃는 것뿐인 이들을 본다. 수동적으로 구경하는 군중에게서는 영원의 문제에는 전혀 관심이 없는 이들을 본다.

그러나 자기 옆 십자가에 달리신 소망의 구원자를 바라보다가 구원을 발견한 강도도 본다. 예수님의 가까운 가족과 친구들을 통해서는 슬픔에 잠겨 있지만 신실한 추종자들을 본다. 그들은 그리스도와 그분의 주장을 따르며, 곧 비게 될 무덤에 그분이 매장되는 것을 목도한 자들이다.

이 모든 사람이 그 패를 보았다. "나사렛 예수 유대인의 왕." 그들 모두가 그 패 아래 십자가에 달리신 그분을 보았다. 증오스럽든 희망적이든 모두가 이 역사적 사건을 지켜보았고, 모두가 이 사건과 그리스도의 인격을 자신의 삶과 결부시켜야 했다. 그 패가 그리스도의 왕권을 선포하며 걸려 있었듯이 예수님은 세상이 아는 최고로 강력한 사랑을 선포하며 걸려 계셨다.

이제 우리에게는 이 질문이 남는다. "우리는 이 사랑을 어떻게 할 것인가?" 우리는 그 군중 가운데서 우리 각자의 얼굴을 발견할 수 있다. 교만한 자, 수동적인 자, 신실한 자…. 우리는 모두 예수 그리스도라는 인생을 변화시키는 분과 직면하고 있다.

십자가와 빈 무덤은 우리가 맺고 있는 관계, 일, 목적, 혹은 정체성에 어떤 영향을 주는가? 예수님이 우리를 다스리신다면 그분의 죽음과 부활은 우리가 사는 방식과 삶의 의미를 전부 바꾼다. 그분을 바라보고 그 패에 적힌 말에 동의할 때, 우리는 영원을 소망하게 되고 오늘을 살아갈 목적이 생긴다. 예수님은 왕이시다! 유대인과 이방인과 온 세상과 우리 삶의 왕이시다.

 누가복음 23장 32-56절

4월 16일
평범하지 않은 죽음

"예수께서 신 포도주를 받으신 후에
이르시되 다 이루었다 하시고
머리를 숙이니 영혼이 떠나가시니라"

(요 19:30)

예수님의 죽음을 둘러싼 사건들은 크게 보면 로마 사법권의 통상적인 절차였다. 재판과 매질, 모욕을 가하는 행동, 고통스러운 십자가 처형은 군인들이 범죄자를 처형할 때 늘 하던 일이었다. 그러나 일상적이지 않았던 한 가지는 그날 이 사건이 진행되던 중에 내린 어둠이었다(마 27:45). 마치 하나님이 이 슬픈 장면에 대해 눈을 감으신 것 같았다. 그것은 일상적인 처형이었지만 동시에 영원히 지속될 위대한 전환점이기도 했다.

그 사건이 그토록 중요했던 이유는 중앙의 십자가에 달리신 그분의 정체성 때문이었다. 그분은 다름 아닌 성육신하신 하나님이셨다. 우리 마음은 이 사실에 언제나 놀라야 한다.

> 태양이 어둠 속에 몸을 숨기고
> 그 영광의 빛을 거두었네.
> 그리스도, 전능한 창조주가
> 피조물 인간의 죄로 인해 죽으셨을 때.[20]

성경은 그리스도께서 십자가에서 당하신 육체적 고통을 그리 강조하지 않는다. 그분은 분명 엄청난 육체적 고통을 받으셨지만, "몸의 고통은 영의 고통에 비하면 아무것도 아니었다. 이것이 그분이 당하신 영혼의 고통이었다."²¹ 예수님은 하나님 아버지와 관계적으로 분리되는 고통과 아픔을 육체적, 정신적, 영적으로 온전히 경험하셨다. 그러니 우리가 살면서 어떤 일을 당하든지 예수님은 더 심한 일을 겪으셨으며 그래서 그분은 우리가 어떻게 느끼는지 다 아신다는 사실을 기억하라. 더구나 그분이 참으신 상상도 할 수 없는 고통은 모두 우리를 위한 것이었다. 때가 되었을 때 그리스도께서는 승리에 차서 선포하셨다. "다 이루었다." 이는 빚이 다 청산되었다는 뜻이다.

　그리스도의 십자가는 종종 구경하는 군중 위에 높이 세워진 모습으로 묘사된다. 그러나 사실은 발이 거의 땅에 닿을 정도의 높이로 세워졌다. 이처럼 그리스도의 삶과 죽음과 부활은 우리 삶 위에 높이 있지 않고 우리의 삶 아주 가까이에 있다. 예수님의 죽음은 보통의 죽음이 아니라, 믿음을 통해 진정한 생명을 주기로 약속한 죽음이었다. 우리가 십자가에서 일어난 모든 일을 생각하고 자신에게 이렇게 말할 때 모든 변화가 시작된다.

나를 위해 상처 입으셨네, 나를 위해 상처 입으셨네.
저 십자가 위에서 그분은 나를 위해 상처 입으셨네.
내 죄과는 사라지고 이제 나는 자유롭네.
이 모든 것은 예수님이 나를 위해 상처 입으셨기 때문이네.²²

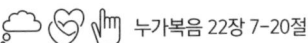 누가복음 22장 7-20절

4월 17일
두려움에서 믿음으로

"막달라 마리아가 가서
제자들에게 내가 주를 보았다 하고…"
(요 20:18)

무엇이 두려움을 믿음으로 변하게 하는가? 예수님이 십자가에 달리신 후, 제자들은 대혼란 속에서 박해의 두려움과 낙망에 빠져 모여 있었다. 제자 중 한 명인 유다는 이미 자살하여 죽은 상태였다. 다른 제자 베드로는 압력에 굴복해서 자신의 지도자이자 선생님이신 예수님을 부인했고, 제자들은 그분이 잔인하게 죽임당하는 것을 목격했다. 그들의 소망과 꿈도 그분과 함께 사라진 것 같았다. 그러나 몇 주 후, 이 낙담했던 무리는 예루살렘 거리에서 담대하게 예수님이 부활하신 메시아시라고 선포하고 있었다. 무엇이 이들을 비겁한 겁쟁이에서 용기 있는 믿음의 사람으로 바꾸었을까? 무엇이 우리 안에서도 이 같은 변화를 만들어낼 수 있을까? 오직 부활하신 예수님뿐이시다.

제자들은 유대인이었기 때문에 메시아가 나타나 영원히 거하실 것을 믿었다. 그들의 이 믿음은 예수님의 죽음으로 깨어졌다. 그것은 영광스러운 승리라기보다는 완전한 패배로 보였다. 제자들이 이후에 확신을 가지고 그분을 메시아로 선언할 수 있었던 이유는 오직 한 가지, 곧 그들이 부활하신 예수님을 만났기 때문이었다. 그런 일이 없었다면 그들은 그저 애정을 듬뿍 담아서, 혹은 비통스럽게 예수님을 자신이 사랑하던 선생(그 이상은 아닌)으로 기억했을 것이다. 죽은 사람에게서 용서와 소망을 발견하는 것이 가능할까? 하지만 부활하신 메시아로 인해 갑자기 모든 것이 변한다.

성경은 제자들이 부활하신 그리스도를 만났다고 직접적으로 설명한다(참 조. 요 20:11-21:23). 어떤 사람들은 제자들이 맹목적인 신앙 때문에 그분을 '보 았다'는 환각에 빠진 거라고 주장한다. 하지만 기억하라. 그들은 처음에는 부 활에 대한 믿음이 없었다! 성경은 그들이 두려움과 실망 속에서 문을 걸어 잠 근 채 모여 있었다고 전한다(요 20:19). 또 만약 그들이 부활하셨고 통치하시는 그리스도를 상상으로 만들어냈다 하더라도, 해변에서 생선을 잡수신 예수님 이나 잔인한 죽음의 흔적이 남아 있는 예수님, 거리를 걷거나 다양하게 제자 들을 만나신 예수님을 상상하지는 못했을 것이다. 또한 자신을 비겁하게 기 록하지도, 여성들의 증언을 포함하지도 않았을 것이다(당시 여성의 증언은 유효하 게 여겨지지 않았다). 그보다는 빈 무덤을 처음 발견한 용감하고 중요한 인물로 자신들을 기록했을 것이다. 빈 무덤에 대해 어떻게 다르게 설명하든 거기에 는 하나님의 말씀을 통해 우리에게 계시된 내용을 신뢰하는 것 이상의 훨씬 더 많은 '믿음'이 요구된다.

부활은 모든 것을 바꾼다. 우리는 예수님의 부활을 둘러싼 사실들과 그것 이 우리에게 주는 영광스러운 좋은 소식을 고려해야 한다. 문자 그대로 예수 님이 몸으로 다시 사신 일이 없다면 기독교는 아무 소용이 없다. "그리스도께 서 다시 살아나신 일이 없으면 너희의 믿음도 헛되고"(고전 15:17). 하지만 예수 님이 다시 사셨고 정말로 통치하시므로 그분 안에는 어디에서도 찾을 수 없 는 용서가 있고 비교할 수 없는 미래의 소망이 있다. 믿음의 눈으로 주님이 다시 사신 것과 통치하시는 것을 보는가? 그렇다면 담대하게 자기 자신과 세 상을 향해 이 소망을 선포하라. 그러면 마리아와 제자들처럼 의심으로 가득 한 두려움이 변하여 믿음이 되는 것을 볼 것이다.

 요한복음 20장 1-18절

4월 18일
하나님은 가장 좋은 것을 아신다

"여호와여 내 마음이 교만하지 아니하고 내 눈이 오만하지 아니하오며
내가 큰 일과 감당하지 못할 놀라운 일을 하려고 힘쓰지 아니하나이다
실로 내가 내 영혼으로 고요하고 평온하게 하기를
젖 뗀 아이가 그의 어머니 품에 있음 같게 하였나니
내 영혼이 젖 뗀 아이와 같도다"(시 131:1-2)

아기가 젖을 떼는 과정은 고통스러울 수 있지만 건강하게 성장하고 성숙하기 위해 꼭 필요하다. 오늘날 서구 문화에서는 보통 아기의 성격이 본격적으로 형성되기 전인 어린 나이에 젖을 뗀다. 아이의 입장에서 젖을 떼는 일은, 이전에 즐기던 것 없이 지내는 법을 배우는 혼란스러운 싸움일 것이다. 하지만 일단 젖을 떼고 나면 아이는 "고요하고 평온"할 수 있다. 아이는 젖을 떼도 자신이 여전히 공급받고 있음을 알게 되고, 엄마와 함께하는 시간을 수단이 아닌 목적 그 자체로 즐기게 된다. 그뿐 아니라 젖 뗀 아이는 위로가 사라지는 것 같은 결정 속에서도 여전히 엄마가 자신에게 가장 좋은 것을 알고 있다는 사실을 배운다.

영적 어린아이인 우리도 자신에게 가장 좋은 것이 무엇인지 잘 모른다는 사실을 알아야 한다. 또 하늘에 계신 우리 아버지께서 가장 잘 알고 계심을 신뢰해야 한다. 하지만 많은 경우 우리의 교만한 마음은 하나님의 신비한 방법에 질문을 던진다. 왜 고통을 겪고, 왜 문제를 만나고, 왜 상실을 경험하는지 그 이유를 알려고 한다. 그러나 이런 질문이 우리의 교만을 드러낸다는 것은 알아채지 못한다.

질문은 피할 수 없다. 질문은 그 여행의 일부다. 하지만 질문을 활용하는 법을 배워야 진정한 만족을 찾을 수 있다. 진정한 만족은 이해가 안 될 때도

여전히 신뢰할 수 있다. 우리는 자만심에 차서 토기장이에게 왜 그런 식으로 토기를 만들었느냐고 따지지 않도록 조심해야 한다(사 45:9). 하나님의 정확한 뜻과 방법은 여전히 신비 가운데 있지만, 그것들은 항상 좋다. 그분은 우리의 아버지시기 때문이다.

주님의 도움을 받아 우리는 하나님의 섭리에 집중하도록 자신을 훈련할 수 있다. 우리의 환경은 일시적이고, 우리 아버지께서는 그 환경 속에서 자신이 무슨 일을 하는지 잘 알고 계신다. 우리는 그 환경이 그리스도 안에 있는 우리의 궁극적인 기쁨과 영광을 빼앗아 갈 수 없음을 확신할 수 있다. 그 속에서 우리의 영혼은 잠잠할 수 있다.

그리스도인의 삶에서 만족은 종종 혼란과 불편을 경험하면서 얻어진다. 그래서 우리는 이렇게 말하는 법을 배우게 된다. "내 아버지가 주관하고 계시며, 자녀인 나의 유익을 위해 일하고 계신다. 그분을 신뢰할 수 있기에 이해할 수 없어도 괜찮다. 내게는 그분이 계시고 그분으로 충분하다. 내 영혼은 폭풍 속에서도 잠잠하다." 오늘 우리가 고백할 수 있는 이 진리는 얼마나 놀라운가!

 시편 34편

4월 19일
구원을 위한 경고들

*"그런즉 선 줄로 생각하는 자는
넘어질까 조심하라"*

(고전 10:12)

누군가의 전기를 쓰거나 읽을 때 우리는 그 대상의 결점을 얼버무리고 넘어가고 싶은 유혹을 받는다. 그러나 성경은 영웅들의 오류나 실패나 죄들을 숨기거나 변명하지 않는다. 사실 대부분의 경우 영적인 승리를 얻은 직후 실패할 위험이 가장 높다.

노아는 비 한 방울 내리지 않는 상황에서도 믿음을 지키고 순종하며 방주를 계속 지었다. 하지만 우리는 노아가 홍수 이후, 술에 취해서 벌인 슬픈 이야기를 읽게 된다(참조. 창 9:20-27).

아브람은 믿음으로 여행을 떠났다. 그러나 애굽에 갔을 때 그는 거짓말을 해서 자신과 가족에게 큰 수치를 안겼다(창 12:10-20).

다윗은 골리앗을 이겼지만 그 후에 간음(거의 강간에 가까운)과 살인을 저지르며 여러 가지 혼란스러운 상황에 빠지게 된다(삼하 11장 이하).

이 인물들은 모두 하나님의 뜻으로 위대한 일을 성취했고 또한 실패도 했다. 그들은 우뚝 섰다가 심하게 넘어졌다. 성경이 이런 이야기를 우리에게 들려주는 이유는 우리가 실패했을 때 변명거리를 주기 위해서가 아니라, 오히려 일이 잘될 때 안일해지지 않도록 돕기 위해서다. 그리고 다른 사람에게 너무 많은 기대를 하거나 무엇보다 자신에게 너무 많은 기대를 하지 않도록 경고하기 위해서다!

신학자 A.W. 핑크(A.W. Pink)는 이렇게 상기시킨다. "하나님은 최고의 인간도 기껏해야 그저 인간임을 드러내려고 하신다. 그들이 제아무리 재능이 많고 하나님을 특출하게 섬기며, 제아무리 하나님을 영화롭게 하고 그분께 쓰임을 받아도, 하나님이 잠시만 그 능력을 거두시면 그들은 모두 '토기'였음이 속히 드러날 것이다. 어떤 인간도 하나님의 은혜 없이는 설 수 없다. 최고로 노련한 성인도 홀로 남겨지면 즉시 물처럼 연약하고 쥐처럼 겁 많은 사람이 된다."²³

자비롭게도 하나님은 우리를 혼자 내버려두지 않으신다. 그분은 우리에게 의와 구원과 진리와 그분의 말씀을 주셔서 우리가 모든 시련과 시험을 견딜 뿐 아니라 강하게 서 있게 하신다. 노아와 아브라함과 다윗이 경험한 것과 같은 연약함과 실패를 우리 안에서 발견할 때, 우리는 유일하고 진정한 "피할 길"이 되시는 주 예수님을 통해 우리를 지탱하시는 하나님의 은혜와 능력을 경험할 수 있다(고전 10:13). 그래서 우리는 끝없이 믿음 안에 거하고 점점 더 거룩해지며, 우리 자신의 힘이나 지식이나 성품의 결과가 아닌 하나님의 은혜 때문에 세상에 하나님 나라를 알릴 수 있게 된다. 이를 진정으로 아는 사람은, 안주하는 것이 위험하고 기도가 반드시 필요하다는 사실을 알 것이다. 매일 매 순간 오직 주님만이 우리를 서 있게 하신다. 그렇지 않은가?

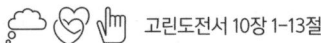 고린도전서 10장 1-13절

4월 20일
전능하신 주님, 온유한 목자

"보라 주 여호와께서 장차 강한 자로 임하실 것이요
친히 그의 팔로 다스리실 것이라
보라 상급이 그에게 있고 보응이 그의 앞에 있으며
그는 목자 같이 양 떼를 먹이시며 어린 양을 그 팔로 모아 품에 안으시며
젖먹이는 암컷들을 온순히 인도하시리로다"(사 40:10-11)

미국은 한 번도 군주들이나 그들의 주권에 열중한 적이 없다. 단지 투표를 통해 지위에 임명하여 국민의 필요를 요구할 수 있는 사람을 선호한다. 그리고 정직히 말하자면, 하나님께 다가갈 때도 이런 식일 때가 많다. 우리는 통제를 당하기보다 통제하기를 좋아한다.

그러나 하나님은 우리가 조종하거나 원하는 대로 조작할 수 없는 분이시다. 그분은 전능한 주님이시며, 그분의 존재는 우리 인간의 취약하고 유한한 본성과 완벽하게 반대된다. 우리는 풀과 꽃 같아서 시들고 말라버린다. 그러나 하나님은 그렇지 않으시다. 그분은 영원히 모든 것을 다스리고 주관하신다. 그분의 말씀 또한 영원히 선다(사 40:6-8).

하나님은 그의 전능하심으로 놀라운 정복을 이루어내셨다. 곧 죄와 죽음에 대한 승리를 말이다. 율법의 창시자이신 그분은 광대한 지혜로 인간 예수로 오셔서 그 율법에 복종하여 다 이루셨으며, 우리 빚을 갚고 우리에게 영생을 주기 위해 죄인들을 대신해 죽으셨다. 그리고 그분은 베드로가 설교한 것처럼 살아나셨다. "하나님께서 그를… 살리셨으니 이는 그가 사망에 매여 있을 수 없었음이라"(행 2:24). 이것이 그분의 승리다.

그런데 하나님은 전능한 주님이신 동시에 우리의 온유한 목자이시다. 그분은 전쟁터의 위대한 장군처럼 우리에게 오지 않으시고 오히려 양 무리를

자비로 이끌듯 우리를 가까이 이끄신다. 이전에 슬프고 소외되고 죄책감에 시달리며 죽음을 두려워하던 사람들이 이제는 자유롭게 되었다. 그분은 승리에 차서 이렇게 선포하신다. "내가 그들과 함께 있을 때에 내게 주신 아버지의 이름으로 그들을 보전하고 지키었나이다 그 중의 하나도 멸망하지 않고…"(요 17:12).

우리는 하나님의 주권 안에서 즐거워할 수 있다. 그분은 전능하고 온유하시며, 잃어버린 자들을 찾으시고, 자신의 사명을 완수하고자 애쓰시는 목자시다. 그분이 말씀하시면 듣지 못하는 자가 듣고, 그분이 빛을 비추시면 보지 못하는 자가 보게 된다. 우리는 이 온유한 목자의 마음에 따라 함께 모였고, 이 세상이 우리의 전능하신 아버지께 속했음을 확신하며 살 수 있다.

그리스도인의 삶에서 한 가지 도전은 크신 하나님에 대한 관점을 갖는 것이다. 그분을 "강한 자로 임하실" "주 여호와"로 알아서 그분 앞에 경건한 경외심으로 나아가고, 그분을 "목자 같이 양 떼를 먹이시"는 분으로 여겨 친밀한 교제 가운데 따르는 것이다. 주 예수님은 사자이시면서 동시에 어린양이시다(계 5:5-6). 이 두 가지 모습을 다 기억하라. 그러면 그 빛 가운데 살며 우리의 주권자요 목자이신 그분께 순종하고 그분을 즐거워할 것이다.

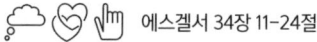 에스겔서 34장 11-24절

4월 21일
하나님께 선택받다

> "…사랑 안에서…그 기쁘신 뜻대로 우리를 예정하사
> 예수 그리스도로 말미암아 자기의 아들들이 되게 하셨으니
> 이는 그가 사랑하시는 자 안에서…
> 그의 은혜의 영광을 찬송하게 하려는 것이라"
>
> (엡 1:4-6)

윌리엄 셰익스피어(William Shakespeare)의 『베니스의 상인』에서 포샤라는 인물은 다음과 같은 독백을 하는데, 이는 셰익스피어가 생각하는 자비와 용서의 원리를 보여준다.

> 정의를 간절히 원한다 해도 이걸 생각해보라.
> 정의를 이루는 과정에서는 우리 중 누구도
> 구원을 바랄 수 없다는 것이다. 우리는 진정 자비를 구해야 한다.[24]

하나님이 '우리를 예정하사 자기의 아들들이 되게 하셨다'는 교리를 생각할 때, 우리는 "하나님은 왜 모두를 선택하지 않으셨나?"라고 물을 것이 아니라 "하나님은 왜 어떤 이들에게 자비를 베풀기로 선택하셨나?"라고 물어야 한다. 사실 정의만 행해진다면 우리는 모두 정죄만을 받을 것이다. 우리 죄에 합당한 것은 정죄이기 때문이다. 그러나 우리를 향한 그분의 사랑 속에서 하나님은 우리가 "멸망하지 않고 영생을 얻게"(요 3:16) 되는 길을 선택하셨다. 그분이 우리를 선택하신 것은 우리 안에 있는 어떤 것(스스로 교만해질 수 있는 어떤 것) 때문이 아니라, 오로지 그분 안에 있는 사랑(우리로 그분을 찬양하고 경배하게 하는 것) 때문이다.

그리스도인으로서 우리가 선택받았다는 사실을 알 때 나타나는 한 가지 변화는, 죄를 그 어느 때보다 심각하게 받아들인다는 것이다. 그분이 우리를 선택하신 목적은 "우리로 사랑 안에서 그 앞에 거룩하고 흠이 없게"(엡 1:4) 하려는 것이다. 다시 말해, 그분이 우리를 선택하신 것은 우리가 거룩한 존재라서가 아니라 우리를 거룩하게 하시기 위해서다. 하나님이 우리를 선택하신 그 사랑을, 우리가 선택한 방식대로 살 권리가 있다는 결론으로 끝낸다면 무언가 크게 잘못된 것이다. 지속적이고 일관되게 죄 가운데 살면서도 구원받았다고 선언하는 사람들은 그들이 하나님을 알지도 못하고 그분의 복음에 대해서도 전혀 모른다는 사실을 드러내는 것이다.

반대로, 우리가 하나님께 선택받았고 그분을 위해 따로 구별되었으며 성령님을 통해 그분의 섬김을 받았다는 증거는 우리가 점점 더 그 아들의 형상을 닮아갈 때 궁극적으로 드러난다. 도덕적으로 더욱 정결해지는 것은 예수 그리스도에 대한 깊은 헌신을 궁극적으로 보여주는 표시다. 우리를 선택하신 하나님의 사랑에 대한 진정한 관심과 경외감은 우리로 하여금 예수님의 아름다움을 닮아가게 한다.

이것을 진심으로 이해한 사람들의 삶에서 우리는 무엇을 볼 수 있을까? 그것은 허세나 자기중심적인 말, 또는 기독교 신앙에 대한 맹목적인 방어가 아닐 것이다. 확신에 차 있지만 겸손한 모습, 자신이 아닌 그리스도로 가득 찬 대화, 기쁨과 희생의 삶 등일 것이다. 이것이 우리 안에서 볼 수 있는 모습이어야 하며, 완전하지는 않더라도 점점 더 커져야 할 모습이다. 그러면 우리는 "내가 그분을 선택한 것이 아니라 그분이 나를 선택하셨다"고 말할 만큼 성장하게 될 것이다.

 출애굽기 20장 1-21절

4월 22일

불신의 길

"…그를 파는 유다도
그들과 함께 섰더라"

(요 18:5)

유대 지도자들이 죽이기로 한 그 사람을 병사들이 체포하기 위해 겟세마네 동산에 왔을 때, 중심인물은 당연히 예수님이셨다. 하지만 유다도 우리에게 어려운 교훈을 가르쳐 주었다는 면에서 중요한 역할을 했다.

그리스도에 대한 유다의 배반은 더 깊은 부인에 뿌리를 둔 깊은 위선을 드러낸다. 그의 배반은 인간의 마음이 하나님과 아무리 가까이 있는 것처럼 보여도 불신의 길(신의를 저버리고 부패한 자들과 어울리는 길)로 나아가면 얼마나 쉽게 메마를 수 있는지 경고한다.

겟세마네 동산은 그저 동산 중 하나가 아니었다. 제자들은 이곳을 잘 알았다. 예수님과 열두 제자에게 이 동산은 교제하는 곳이었고 쉬는 곳이었으며 의심할 수 없이 많은 행복한 추억이 있는 장소였다. 하지만 이 아름다운 곳에서 유다는 그리스도를 배신했다. 이렇게 친밀한 장소에서 그런 악행을 저지른 것은 부부의 침대에서 간음을 저지르는 것만큼이나 충격적인 일이었다. 유다가 군인들과 유대 지도자들을 이끌고 그 동산을 오르는 모습을 그려보라(요 18:3). 영적으로 심각하게 길을 잃은 그가 안내자가 되었다. 눈먼 자가 눈먼 자들을 이끄는 꼴이다. 불신의 길은 종종 절망적인 동행의 거짓 위로를 구걸하는 외로운 장소다.

그 아름답고 고요한 동산에서 극악무도한 사건이 일어났다. 우리는 멋진

휴가 장소나 편안한 집안, 심지어 그리스도께서 이전에 우리를 만나 복을 주고 구애하고 우리 사랑을 얻어내신 그 장소에서 그리스도를 배신하라는 유혹을 받는다. 이처럼 우리 마음에도 유다의 배신에 동참하려는 괴팍함이 있음을 분명히 본다.

우리는 유다의 예를 보면서 경계를 늦추지 말아야 한다. 그리스도인의 삶에 안주는 있을 수 없다. 무슨 일을 했든, 무엇을 보았든, 교회에서 어떤 위치에 있든 상관이 없다. 유다도 예수님과 3년 동안 같이 살면서 그분이 일으키시는 기적을 보았고 그분의 가르침도 들었다. 하지만 결국 그는 그분을 배신하고 말았다. "그런즉 선 줄로 생각하는 자는 넘어질까 조심하라"(고전 10:12).

그렇다면 어떻게 해야 유다가 간 비극적인 길을 피해 진정한 제자로 남을 수 있을까? 하나님의 말씀이 거듭해서 간곡히 말하듯이, 우리는 서서히 마음이 굳어지는 것을 조심해야 한다. 그러다 보면 결국 불신의 길로 떨어지기 때문이다. 그 대신 우리를 인도하시는 성령님의 음성에 귀를 기울여야 한다. 마음이 부드럽게 열려 있도록 늘 기도해야 한다. 우리 영혼이 "이제 이 그리스도를 받아들여라!"라고 말하게 해야 한다.

우리는 유다를 통해 오직 하나님의 은혜로만 우리가 서 있을 수 있음을 배운다. 그러므로 배신자들 가운데 있지 않도록 이렇게 기도하라. "주여, 당신을 의심하고 부인하려는 실제적인 유혹에서 저를 구원하소서. 당신의 보호하심과 공급하심이 얼마나 놀라운지 제게 보이시고 당신은 아버지께서 주신 자들을 하나도 잃지 않으신다는 것을 다시 확신시켜 주소서."

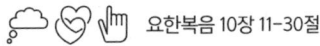 요한복음 10장 11-30절

4월 23일
생명은 모두에게 흘러갈 것이다

"그 사방의 합계는 만 팔천 척이라
그 날 후로는 그 성읍의 이름을
여호와삼마라 하리라"

(겔 48:35)

가장 좋은 것은 아직 오지 않았다.

한 페르시아 황제가 BC 6세기에 패권을 쥐었을 때 이스라엘 백성은 60년 동안 포로생활 중이었다. 얼마 안 되어 그 왕은 이스라엘 포로 중 일부가 고향으로 돌아가는 것을 허락했다. 에스라와 느헤미야는 성전과 예루살렘 성벽을 재건하려는 큰 소망과 기대를 안고 백성들을 이끌고 귀국 길에 올랐다.

하지만 돌아온 포로의 수는 적었고, 그들은 심각한 반대에 부딪혔다. 그들은 최선을 다해 노력했지만 승리하지는 못했다. 나이 많고 지혜로운 사람들은 성전의 기초를 놓으며 눈물을 흘렸다. 그 성전이 예언자들의 놀라운 기대에 미치지 못할 것을 알았기 때문이다(스 3:10-12).

눈물을 흘렸던 사람들은 에스겔의 마지막 예언이 실현되기를 바랐다. 즉, 새 성전이 언젠가 위대한 예루살렘 안에 세워질 것이라는 커다란 소망이 있었다. 그것은 첫 번째 성전보다 더 웅장할 것이고, 하나님이 그 거대한 구조물을 관장하실 것이며, 거기에서 강이 흘러나와 세상에 영원한 생명을 줄 것이다(참조. 겔 40-48장).

이스라엘 백성은 그들이 짓는 성전이 에스겔이 예언한 성전이 아니라는 것을 알았다. 무언가 맞지 않았다. 바벨론에서의 귀향도 예언자들이 말한 위대한 출애굽이 아니었다. 그래서 그들은 그 도시와 재건된 성전 너머를 다시 고

대하게 되었다. 궁극적으로 에스겔은 그가 측량할 수 없는 다가올 하나님 나라를 예언한 것이었다.

요한계시록에서 요한은 다른 모습의 천국을 보여준다. 바로 하나님 나라에 있는 교회다. 하나님의 계획은 이스라엘에 국한된 적이 없다. 그보다 훨씬 더 많은 것을 포함한다. 하나님은 죄의 결과를 완전히 해결하고 전 세계를 새롭게 하기로 결심하셨다. 다시 한번 인류는 "여호와삼마"(여호와께서 거기에 계신다)라고 불리는 도시에서 그분의 임재 안에 영원히 사는 것이 무엇인지 알게 될 것이다. 하나님이 우리 가운데 계실 것이고 그분으로부터 모두에게 생명이 흘러갈 것이다. "또 내가 보매 거룩한 성 새 예루살렘이 하나님께로부터 하늘에서 내려오니… 성 안에서 내가 성전을 보지 못하였으니 이는 주 하나님 곧 전능하신 이와 및 어린 양이 그 성전이심이라 그 성은 해나 달의 비침이 쓸 데 없으니 이는 하나님의 영광이 비치고 어린 양이 그 등불이 되심이라"(계 21:2, 22-23).

앞서간 이스라엘 백성처럼 우리도 앞을 내다보며 산다. 왕의 재림과 그의 구원의 완성을 기대하며 미래를 향해 나아간다. 우리는 예수님의 나라에서 그분과 함께할 것이고 그분과 함께할 때 오는 기쁨을 경험할 것이다. 그러므로 이생이 주는 것에 안주하거나 지금 경험하는 실망에 좌절하지 말라. 우리의 최고의 날은 하나님의 도성에서 우리 앞에 놓여 있다.

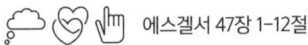 에스겔서 47장 1-12절

4월 24일
슬픔에서 기쁨으로

"…손과 옆구리를 보이시니
제자들이 주를 보고 기뻐하더라"
(요 20:20)

최초의 부활절은 오늘날 전통적인 부활절 절기와는 다른 모습이었다.

예수님의 부활이 아직 알려지지 않았을 때 그날은 기쁨과 소망과 찬양이 아닌, 눈물과 엄청난 충격과 당혹감으로 얼룩져 있었다. 제자들은 "예수 부활했으니, 할렐루야"²⁵라고 노래하기 위해서가 아니라 두려움에 싸여 서로를 보호하기 위해 모여 있었다. 그들은 슬픔에 잠겨 있었다. 그들의 이야기는 다음 페이지가 빈 채로 중단되었다. 아니, 적어도 그들은 그렇게 생각했다.

성경은 예수님이 십자가에 못 박히신 후에 그리스도를 따르던 자들이 느꼈던 슬픔을 부정하거나 미화하지 않는다. 그들은 무슨 일이 일어났는지 이해하지 못했고 또한 앞으로 무슨 일이 일어날지 전혀 몰랐다. 그들의 슬픔은 더 큰 그림을 알지 못하는 인간의 한계를 보여준다. 구약의 예언과 예수님이 직접 자신의 죽음에 대해 미리 하신 말씀들(막 8:31; 9:31; 10:33-34)이 있었음에도, 요한복음은 그들이 "성경에 그가 죽은 자 가운데서 다시 살아나야 하리라 하신 말씀을 아직 알지 못하더라"(요 20:9)라고 말한다. 그들은 예수님이 십자가에서 "다 이루었다"(요 19:30)라고 말씀하셨을 때, 패배가 아닌 승리를 선언하신 것이었음을 알지 못했다.

이 승리는 부활을 의미했다. 그리고 부활하신 구세주께서는 제자들의 어둠과 두려움과 슬픔에 변화를 일으키셨다. 그들의 불신은 신뢰로 바뀌었고 슬픔은 기쁨으로 변했다. 그 기쁨은 예수님이 죽은 자 가운데서 살아나신 것을 안다는 사실에 뿌리를 두고 있었다. 그들의 믿음과 그들의 미래는 이 놀라운 사실에 뿌리를 내리며 되살아났다. 어둡던 그들의 좌절이 부활의 빛을 더욱 영광스럽게 만들었다.

그저 우리를 기쁘게 해주는 신을 찾는다면 성경의 하나님을 찾아서는 안 된다. 그분도 물론 다른 누구, 혹은 무엇보다 더 우리를 즐겁게 하시지만, 많은 경우 먼저 우리를 슬프게 하신 후 그렇게 하신다. 우리는 이 망가진 세상 때문에 슬프고, 자신의 죄 때문에 슬프고, 십자가 위에서 예수님이 우리의 연약함과 불순종과 무관심으로 인해 돌아가셨기 때문에 슬프다. 그러나 이러한 슬픔을 진정으로 느낄 때 비로소 우리는 빚을 탕감받고, 잘못이 용서될 때 오는 기쁨을 온전히 이해할 수 있다.

우리는 사랑받을 자격이 없는데도 사랑받는 기쁨, 기대하지 못했던 사랑의 고백을 듣는 기쁨을 알게 된다. 이 사랑은 어떤 사랑인가? 우리를 향한 하나님의 사랑이다! 오늘, 자신이 아닌 그분을 바라보라. 이것이 사랑이다. 우리가 이런 식으로 사랑받고 있음을 알 때, 우리는 해를 입어도 치유되며 슬픔도 영원한 기쁨이 자라는 토양이 될 수 있음을 알게 된다. 오늘 우리 인생의 어떤 부분에서 이 사랑의 고백을 들어야 하는가? 아마도 고통이나 후회나 걱정이 가득한 부분일 것이다. 그러나 우리가 어떤 인생을 살아가고 있든지, 그리스도이신 주님의 부활은 진리라는 것을 기억하라. 할렐루야!

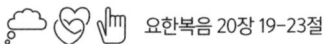 요한복음 20장 19-23절

4월 25일
보지 못하는 자를 위한 자비

"나사렛 예수시란 말을 듣고
소리 질러 이르되
다윗의 자손 예수여
나를 불쌍히 여기소서 하거늘"

(막 10:47)

눈먼 바디매오는 완전한 어둠 속에 앉아 있었다. 그는 군중의 움직임과 왁자지껄한 소리를 들을 수 있었다. 나사렛 예수께서 어딘가에 나타나셨음을 알려주는 웅성거림을 들었지만 그분을 볼 수는 없었다. 그는 지금이 예수님의 관심을 끌 유일한 기회일지도 모른다고 생각하고 절박하게 외쳤다. "다윗의 자손 예수여 나를 불쌍히 여기소서!"

바디매오의 명확하고 단순한 요청은 그의 믿음에 대한 증거였다. 그는 자신이 요청하는 것을 예수님이 실제로 하실 수 있다고 믿었다. 눈먼 바디매오는 하나님의 은혜로 수많은 사람이 보지 못하는 것을 보았다. 그는 예수님 안에 하나님의 자비가 있음을 알았다. 그래서 예수님이 그에게 무엇을 원하는지 물으셨을 때, 바디매오를 지켜보던 모든 사람은 믿음으로 그가 치유되었다는 것을 알았다. 바디매오는 그에게 필요한 것이 단지 육체적인 시력이라고 생각하는 실수를 범하지 않았고, 예수님이 시력을 치유해주시자 즉시 그분을 따랐다(막 10:52).

이 만남에서 우리는 복음의 축소판을 본다. 성경은 종종 '보지 못하는 것'을 비유로 들어 인간이 처한 곤경을 나타낸다. 예를 들어 사도 바울은 이렇게 말한다. "그 중에 이 세상의 신이 믿지 아니하는 자들의 마음을 혼미하게 하여 그리스도의 영광의 복음의 광채가 비치지 못하게 함이니"(고후 4:4). 예수님도 이렇게 말씀하셨다. "내가 심판하러 이 세상에 왔으니 보지 못하는 자들은 보게 하고"(요 9:39). 또 예수님은, 제자들이 그분을 따라다니면서도 가르침을 이해하지 못하는 것을 보고 이렇게 말씀하셨다. "너희가 눈이 있어도 보지 못하며 귀가 있어도 듣지 못하느냐"(막 8:18).

그렇다면 이렇게 눈먼 자가 어떻게 볼 수 있는가? 바디매오처럼 하면 된다. 예수님께 나아가고 그분께 자비를 구하며 오직 그분만이 주실 수 있는 사랑 넘치는 용서와 새 생명을 구하라. 예수님이 우리에게 가장 필요한 분임을 알지 못한다면, 우리 삶에서 예수 그리스도를 실제로 아는 것은 불가능하다. 그분을 따르는 새 인생의 첫날을 누리기 위해서는 반드시 이 진리를 알아야 한다. 또한 우리의 남은 날 동안 그분을 따르기 위해서도 반드시 이 진리를 기억해야 한다.

지금 당장 어떤 방식으로 그분의 자비를 구하든, 하나님이 주신 믿음의 눈으로 그분을 바라보고 단순하게 구하라. 좋은 소식은, 예수님이 여전히 들으시고 관심을 가지시며, 여전히 걸음을 멈추고 구원하신다는 사실이다.

 마가복음 10장 46-52절

4월 26일
우리 몸으로 하나님을 영화롭게 하기

"나의 간절한 기대와 소망을 따라
아무 일에든지 부끄러워하지 아니하고
지금도 전과 같이 온전히 담대하여
살든지 죽든지 내 몸에서 그리스도가 존귀하게 되게 하려 하나니"

(빌 1:20)

우리의 몸과 그것으로 무엇을 할 것인지는 중요하다.

사도 바울은 그의 편지에서 여러 차례 사람들의 몸에 관해 큰 관심을 표현했다. 예를 들어 그는 고린도 교인들에게 이렇게 질문했다. "너희 몸은 너희가 하나님께로부터 받은 바 너희 가운데 계신 성령의 전인 줄을 알지 못하느냐"(고전 6:19). 그런 다음 계속해서 이렇게 말했다. "너희는 너희 자신의 것이 아니라 값으로 산 것이 되었으니 그런즉 너희 몸으로 하나님께 영광을 돌리라"(고전 6:19-20). 다시 말해 우리 몸은 그 몸을 창조하고 유지하시는 하나님께 속해 있다는 것이다. 이러한 사고방식이 바울 신학의 중심이었다.

바울은 예수님이 우리 몸을 통해 영광을 받고 높아지신다는 사실을 알고 크게 기뻐했다. 그의 주된 목표이자 소망은 이를 행할 용기와 신실함을 얻는 것이었다. 바울에게 있어 그리스도를 높이는 것은 그분의 크신 이름을 높이 평가하는 것, 즉 그분께 영광을 돌리는 것을 의미했다. 이러한 태도는 세례 요한에게서도 발견되는데 그는 예수님에 대해 "그는 흥하여야 하겠고 나는 쇠하여야 하리라"(요 3:30)고 말한다. 마찬가지로, 바울이 자신에게 집중하는 모습은 어디서도 찾아볼 수 없다. 그는 자신을 그리스도께 인도하는 통로로 보았다.

따라서 바울이 사도로서의 자격을 확실히 할 때, 그는 자신이 강력한 사도

라거나 하나님이 복음을 위해 자신을 사용하신다는 이유를 들어 "누구든지 나를 괴롭게 하지 말라"고 하지 않았다. 그는 오히려 이렇게 말했다. "누구든지 나를 괴롭게 하지 말라 **내가 내 몸에 예수의 흔적을 지니고 있노라**"(갈 6:17, 강조는 저자 추가). 그의 몸에서 그의 헌신이 드러났다. 그는 그리스도를 향한 헌신 때문에 점점 더 학대당했다. 결국 그는 상처 입고 짐승과 같이 취급당하고 흉한 몰골이 되어 갔지만, 이런 시련에도 불구하고 "나는 기뻐하리라"는 그의 외침이 계속되었다.

하나님은 바울의 전 생애의 주님이셨다. 주님은 그의 몸, 그의 시간, 그의 전부를 다스리셨다. 오직 주님만이 바울에게 이러한 기쁨을 가져다주실 수 있었다. 오직 주님만이 우리에게 이러한 기쁨을 주실 수 있다.

핵심은 우리가 자신의 것이 아니라는 사실이다. 우리가 가진 것도 전부 우리의 것이 아니다. 하나님이 많이 주셨든 적게 주셨든, 모두 우리에게 맡겨진 것이다. 우리는 우리의 창조주이자 구원자이신 하나님께 속해 있다. 언젠가 그분은 영화롭고 불멸하는 몸으로 우리를 일으키실 것이다(고전 15:42-44, 51-54). 그 순간을 위해, 이생에서는 이 몸으로 그분을 섬겨야 한다. 그러므로 몸으로 무엇을 하든, 우리 몸이 하나님 앞에 기쁘게 내어드리는 제물이 되게 하자.

 고린도전서 6장 12-20절

4월 27일
바르게 구하기

"…너희가 얻지 못함은
구하지 아니하기 때문이요
구하여도 받지 못함은
정욕으로 쓰려고 잘못 구하기 때문이라"

(약 4:2-3)

왕께 나아와

많은 기도와 간구를 드리세.

그의 은혜와 능력이 심히 크시니

아무리 구하여도 과하지 않으리.**26**

존 뉴턴(John Newton)이 쓴 이 찬송시는 "무엇이든지 기도하고 구하는 것은 받은 줄로 믿으라 그리하면 너희에게 그대로 되리라"(막 11:24)는 예수님의 말씀을 생각나게 한다. 예수님은 또한 다른 곳에서는 제자들에게 이렇게 가르치셨다. "너희가 악한 자라도 좋은 것으로 자식에게 줄 줄 알거든 하물며 하늘에 계신 너희 아버지께서 구하는 자에게 좋은 것으로 주시지 않겠느냐"(마 7:11).

우리는 하나님께 나아가 좋은 것을 구할 수 있다. 우리가 하나님께 너무 많이 구한다는 것은 있을 수 없다. 그러나 우리 중 많은 사람이 아버지께 이러한 선물을 받지 못한다. 그 이유는 야고보가 말하듯이, 예수님의 가르침대로 행하여 단순하게 구할 용기가 없기 때문이다. 아니면, 구하기는 하지만 아버지 뜻에 맞지 않게 "정욕으로 쓰려고 잘못 구하기 때문"이다. 즉 그분을 섬기려는 것이 아니라 우리의 우선순위를 더 앞세워 사용하려고 하기 때문이다.

기도에 관한 하나님의 말씀을 곰곰이 생각해보면, 우리는 그저 구하면 된다는 것을 알 수 있다. 겸손과 진실함과 사랑을 가지고 구하면 된다. 하나님은 전능하시다는 것과 우리가 가장 원하는 것은 그분의 뜻임을 알고 구하면 된다. 예수님은 겟세마네 동산에 계실 때 이렇게 기도하셨다. "아빠 아버지여 아버지께는 모든 것이 가능하오니 이 잔을 내게서 옮기시옵소서 그러나 나의 원대로 마시옵고 아버지의 원대로 하옵소서"(막 14:36). 여기에 드러나는 균형감을 보라. 예수님은 하나님의 능력을 완벽히 신뢰하셨을 뿐 아니라 아버지의 뜻에 철저히 순종하는 모습을 보여주셨다. 그리스도께서 기도하신 대로 그 잔이 옮겨지지 않은 것은 그렇게 될 것을 그분이 충분히 믿지 못해서가 아니었다. 전적으로 하나님의 전능한 목적 때문이었다. 이와 같이 하나님께 불가능한 일을 해달라고 구하는 우리의 담대함과 천진난만함과 열정은 그분의 주권에 의해 훼손되지 않는다. 오히려 하나님의 주권에 의해 자비롭게 통제된다.

우리는 하나님의 자녀이기에, 우리가 필요로 하고 구하는 모든 것을 하나님이 그분의 뜻대로 반드시 주신다고 믿고 담대하게 아버지 앞에 나올 수 있다. 예수님의 본을 따라, 우리의 욕망을 아버지의 사랑 넘치는 주권 앞에 내려놓을 수 있다. 우리가 바른 방식으로 바른 것을 구하며 하나님을 신뢰할 때, 그분이 항상 바른 반응을 하실 것을 확신할 수 있다. 하나님이 행하시기에 너무 큰 것을 구하는 일이란 있을 수 없다. 그러므로 그저 구하라!

 누가복음 18장 1-8절

4월 28일
예수님은 우리를 일으켜 세우신다

> "귀신이 소리 지르며 아이로 심히 경련을 일으키게 하고 나가니
> 그 아이가 죽은 것 같이 되어
> 많은 사람이 말하기를 죽었다 하나
> 예수께서 그 손을 잡아 일으키시니 이에 일어서니라"
>
> (막 9:26-27)

예수님이 도우실 수 없는 사람은 없다.

마가복음 9장에서 우리는 오랫동안 악한 영에 붙들려 있던 한 어린아이를 만나신 예수님을 본다. 그 소년의 곤경은 어렸을 때부터 그의 운명이었다. 그는 말할 수도 없고 들을 수도 없었다. 귀신이 그를 사로잡으면 그를 집어 던져 입에 거품을 물게 하고 이를 갈며 몸이 경직되게 했다(막 9:18). 이 아이는 끔찍한 환경에 갇혀 있었다. 정확히 말하면 그는 자신의 몸에 갇혀 그의 아버지나 가족이나 친구들이 건네는 어떤 위로의 말도 듣지 못했고 자신의 고통이나 두려움을 말로 표현할 수도 없었다. 그의 인생은 그가 지닌 하나님의 형상을 왜곡하고 파괴하려는 시도로 인해 망가져 있었다.

이런 절망적인 상황을 마주하신 예수님은 악한 영을 꾸짖으며 그 상황에 개입하셨다. 그리스도께서는 강력하게 꾸짖는 말로 원수의 무력한 분노를 끌어내셨다. 악한 영은 최후의 발악으로 그 아이를 죽은 것 같이 만들어놓고 떠났다. 그러자 예수님이 그 아이를 일으켜 세우셨다.

이것이 예수님이 하신 일이다. 그분은 삶이 심하게 훼손된 사람들, 파멸로 가는 사람들을 붙드셔서 오직 그분만이 할 수 있는 일을 행하신다. 그분은 그의 삶으로 들어가 그 사람의 손을 붙들고 일으켜 세우신다…. 그리고 그들은 일어선다.

예수님은 진실로 이렇게 말씀하실 수 있는 유일한 분이시다. "나는 부활이요 생명이니 나를 믿는 자는 죽어도 살겠고 무릇 살아서 나를 믿는 자는 영원히 죽지 아니하리니"(요 11:25-26). 오직 예수님만이, 전혀 소망이 없어 보이고 스스로는 절대 변할 수 없을 것 같은 사람들에게 다가가 그들에게 새로운 생명을 주실 수 있다.

오늘 예수님은 우리에게 오셔서 이렇게 말씀하신다. "왜 너의 짐을 나에게 가져오지 않느냐? 고통과 슬픔을 통해 스스로 교훈을 얻는 것이 아니다. 치료 요법은 너의 모든 상처와 혼란에 대한 영원한 해답을 주지 못한다. 진실로, 너 혼자의 힘으로는 이것을 할 수 없음을 알아야 한다. 네 짐을 내게 가져오라."

더 나아가 그분은 우리를 통해 다른 사람에게도 가실 수 있다. 우리가 오늘 만나는 사람 중에 예수님의 도움이 필요 없거나 예수님이 도우실 수 없는 사람은 한 명도 없다. 겉으로는 아무리 밝아 보여도 조금만 깊이 들어가 보면 모두 후회와 걱정이 있고, 멸망으로 조금씩 끌고 들어가는 죄가 있다. 주변 사람들을 이렇게 바라보는 법을 배우면 그들에게 그리스도를 전하고 싶은 열망이 생긴다. 예수님이 도우실 수 없는 사람은 아무도 없기 때문이다.

 누가복음 19장 1-10절

4월 29일
합당하게 높이기

"이러므로 하나님이
그를 지극히 높여…"
(빌 2:9)

빌립보서 2장 5-8절은 그리스도의 인성과 신성, 사역과 수치에 대한 아름다운 선언이다. 성육신하신 하나님의 아들이 십자가에서 죽기까지 수치를 당하시는 모습을 볼 때 우리의 마음은 어디로 향하는가? 우리는 자연스럽게 부활을 생각하지만 바울은 그렇지 않았다. 그는 그리스도를 높이라고 한다.

바울은 예수님의 수치와 그분의 높아지심 사이에 논리적인 연관이 있다고 말한다. "**이러므로** 하나님이 그를 지극히 높여"(9절, 강조는 저자 추가). 이 높임은 무엇인가? 그것은 아버지께서 그의 아들에게 왕좌를 주고 온 세상에 명령하여 언젠가 "하늘에 있는 자들과 땅에 있는 자들과 땅 아래에 있는 자들로 모든 무릎을 예수의 이름에 꿇게 하시고 모든 입으로 예수 그리스도를 주라 시인하여 하나님 아버지께 영광을 돌리게"(10-11절) 하신다는 것이다.

하지만 왜 아들의 높아지심이 합당한가? 성경은 우리에게 몇 가지 답을 준다. 첫째, 그것은 구약의 예언이 성취되며, 하나님은 그 말씀을 지키신다는 사실을 보여주기 때문이다. 온 세상이 예수님을 주로 시인하게 될 것은 하나님이 그렇게 하리라고 약속하셨기 때문이다. 예수님이 인간 역사의 무대에 오시기 600년 전에 이사야는 하나님께 들은 이 말씀을 기록했다. "보라 내 종이 형통하리니 받들어 높이 들려서 지극히 존귀하게 되리라"(사 52:13). 그러므로 그리스도께서는 고난받는 종의 역할을 감당하셔서 세상의 고통과 죄를 담당하기 위해 십자가에 달리셨고 다시 살아나셔서 보좌에 올라 높임을 받으셨다. 바울은 다른 곳에서는 이렇게 썼다. "하나님의 약속은 얼마든지 그리스도 안에서 예가 되니"(고후 1:20).

둘째, 그리스도의 높아지심이 합당한 이유는 그분이 하나님이시기 때문이다. 성경은 우리에게 그 아들이 아버지와 하나라고 가르친다. 그분의 신성으로 인해 높아지심은 필수적이다. 하나님이 앉으실 수 있는 곳은 높은 곳뿐이다! 그 아들에게는 아버지의 오른편 외에 다른 어떤 자리도 합당하지 않다.

셋째는 그분이 아버지의 사랑하는 아들이시기 때문이다. 하나님 아버지는 아들이 구속의 언약을 성취하기 위해 순종하여 십자가로 가는 모습을 지켜보셨고, 아들이 고통 중에 "나의 하나님, 나의 하나님, 어찌하여 나를 버리셨나이까"(마 27:46)라고 외치는 소리를 들으셨다. 아버지께서는 아들이 아버지와 그분의 백성을 사랑하여 그 고통을 참았음을 아셨고, 그 끔찍한 상황에서 그분의 완벽한 아들을 떠나지 않으셨다. 그러니 아버지의 사랑으로 가장 낮은 곳에 처하신 아들을 높이는 것 외에 무엇을 할 수 있겠는가?

우리를 위한 그리스도의 수치와 그분의 높아지심은, 우리를 그분께 즐겁게 복종하며 경배하도록 이끈다. 그리고 우리가 순종해야 할 분, 우리의 경배를 받기에 합당한 분은 오직 한 분뿐임을 보여준다. 또한, 천국에서 가장 좋은 것은 천국의 가장 영광스러운 그분이라는 사실을 가르쳐준다.

나는 영광을 보지 않으리. 오직 나의 은혜로운 왕을 바라보리.
그분이 주신 왕관을 보지 않으리. 오직 그분의 못 자국 난 손을 바라보리.
그 어린양이 임마누엘 땅의 모든 영광이시다.[27]

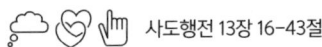 사도행전 13장 16-43절

4월 30일
다른 사람의 성공에 반응하기

"요셉이 다시 꿈을 꾸고 그의 형들에게 말하여 이르되
내가 또 꿈을 꾼즉 해와 달과 열한 별이 내게 절하더이다 하니라…
그의 형들은 시기하되 그의 아버지는 그 말을 간직해 두었더라"

(창 37:9, 11)

질투는 인간에게 흔한 감정이다. 하지만 질투는 누구든 산 채로 잡아먹을 수 있는 거인 같은 괴물이다.

질투와 어떻게 싸우고 있는가? 우리의 영향력 아래 있거나 같은 비전을 가진 사람 중에 성공의 길을 가는 사람이 있는가? 어떤 식으로든 자리를 바꾸고 싶은 사람이 있는가? 조심하라. 조지 로슨(George Lawson)은 이렇게 말한다. "질투라는 지독한 열정은 그 대상의 멸망을 추구하는 동시에 자기 자신을 괴롭히고 파괴한다."[28] 질투는 질투하는 사람을 망가뜨리는 경향이 있다.

요셉의 형들은 자기도 모르게 거짓말하고 악의를 품으며, 자기 형제를 노예로 파는 가장 잔인하고 혐오스러운 악한 길로 가고 있었다. 그 첫 단계는 요셉을 질투하는 것이었다. 그래서 그들은 요셉이 장엄한 꿈 이야기를 들려주었을 때 이전에는 하지 않았을 행동을 하기 시작했다.

우리는 자신의 질투를 알아차리고 그것을 다루는 법을 배워야 한다. 어떻게 해야 다른 사람의 성공을 질투 없이 대할 수 있을까?

첫째, 우리는 하나님이 인간의 모든 일을 주관하신다는 사실을 인식해야 한다. 요셉이 가진 것과 그의 됨됨이는 다 하나님이 정하신 것이었다. 하나님은 요셉의 형들을 덜 중요한 위치에 놓기로 결정하셨다. 그들이 힘들더라도 이것을 받아들였다면 질투 어린 증오로 인한 고통을 피할 수 있었을 것이다.

둘째, 기도를 통해 하나님께로 향해야 한다. 위대한 19세기 설교자 F. B. 메이어(F. B. Meyer)는 자신이 목회하던 지역에 다른 설교자가 목회하러 왔는데 갑자기 회중이 그쪽으로 몰려갔다는 소식을 들었다. 질투가 그의 영혼을 사로잡았다. 그때 그가 찾은 유일한 도피로는 하나님이 그 동료 목회자의 사역에 복 주시기를 기도하는 것뿐이었다. 기도는 우리 마음을 사로잡은 질투를 느슨하게 한다.

하나님은 세우기도 하고 무너뜨리기도 하신다. 요셉의 형들이 이 진리를 알았더라면 그들은 질투에 틈을 주지 않았을 것이다. 하나님은 우리의 호흡을 은혜로 주관하신다. 그들이 이 진리를 알았더라면 불평을 키우기보다는 감사하고자 했을 것이다. 오늘, 자신의 마음을 살펴서 혹시라도 질투심이 뿌리 내린 것을 발견했다면 회개하라. 겸손함과 감사로 전능하신 하나님 앞에 엎드리라.

 사무엘상 2장 1-10절

" 4월 한 달간 말씀과 동행한 기록을 남겨주세요."

May

5월

5월 1일
잠자는 구원자

"예수께서는 고물에서 베개를 베고 주무시더니
제자들이 깨우며 이르되
선생님이여 우리가 죽게 된 것을 돌보지 아니하시나이까 하니
예수께서 깨어 바람을 꾸짖으시며 바다더러 이르시되
잠잠하라 고요하라 하시니…"(막 4:38-39)

폭풍우 치는 바다를 항해하는데 예수님이 배의 고물에서 주무신다. 제자들의 입장이라면 어떻겠는가? 그들 중 몇 명은 어부였기에 자신들이 정말 물에 빠져 죽을 위기에 처했다는 것을 알았다. 그런데 그들의 주님은 깊은 잠에 빠진 채 그들을 내버려두시는 것 같다.

예수님이 주무셔야 했다는 사실은 예수님이 피곤함과 목마름과 배고픔을 아는 진짜 인간이셨음을 드러낸다. 그분은 육신의 연약함을 직접 경험하셨다. 심지어 베고 잘 베개를 찾아야 했는데, 이는 예수님도 육신의 불편함을 아셨음을 보여준다. 온 우주를 만드신 분이시니 베고 누운 나무를 좀 더 푹신하게 바꾸실 수도 있었지만, 영광의 주님은 그렇게 하는 대신 우리처럼 그저 나무 위에 머리를 누이셨다.

예수님이 인간의 연약함과 유혹을 모르셨다면, 그분은 하늘 보좌에서 자비와 은혜를 베풀며 우리를 긍휼히 여기는 대제사장이 되실 수 없었을 것이다(히 4:14-16). 하지만 성경은 그분이 인간의 연약함과 유혹을 아셨다고 말한다. 예를 들어 그분은 무시당하는 고통을 아셨다. "자기 땅에 오매 자기 백성이 영접하지 아니하였으나"(요 1:11). 심지어 그분의 신실한 제자들, 그 배에 타고 있었던 바로 그들도 결국 그분을 부인하거나 버리고 도망갔다. 또 예수님은 경이롭고 아름다운 그분의 인격을 모독하는 비방도 받으셨다(참조. 눅 7:34). 그

분은 40일 밤낮을 악한 자의 거짓말과 유혹에 시달리기도 하셨다(마 4:1-11). 그분은 십자가 위에서 극심한 고통과 혼란을 겪으면서 이렇게 외치셨다. "나의 하나님, 나의 하나님, 어찌하여 나를 버리셨나이까"(마 27:46). 우리가 아는 고통이나 모욕 중에 그리스도의 마음을 아프게 하지 않았던 것은 하나도 없다. 그래서 그분은 우리가 그런 일을 겪을 때 그분께로 나아오라고 초청하신다.

마가복음 초반에 자리 잡은 이 작은 사건에는, 예수님이 살아계신 그리스도시며 공감하는 구세주요 든든한 동반자시라는 진리, 곧 삶을 변화시키는 진리들이 녹아 있다. 고물 위에서 곤히 잠드신 구세주께서는 우리가 직면할 어떤 곤경도 다 다루실 수 있는 분이다. 우리도 제자들처럼 그분께 도움을 요청할 수 있다. 그러면 그분이 바로 파도를 꾸짖는 분, 높은 곳에서 다스리시는 분, 졸지도 주무시지도 않으며 우리의 발이 미끄러지지 않게 하실 분임을 알게 될 것이다(시 121:3-4).

오늘 우리 마음에 두려움을 일으키는 것이 있는가? 주 예수님은 우리의 삶이 어떤지 너무나 잘 아신다는 사실을 명심하고, 두려움을 그분께 가져오라. "너희 염려를 다 주께 맡기라 이는 그가 너희를 돌보심이라"(벧전 5:7).

 시편 121편

5월 2일
그분은 우리 유익을 위해 죽으셨다

"미혹을 받지 말라 음행하는 자나 우상 숭배하는 자나 간음하는 자나 탐색하는 자나
남색하는 자나 도적이나 탐욕을 부리는 자나 술 취하는 자나 모욕하는 자나
속여 빼앗는 자들은 하나님의 나라를 유업으로 받지 못하리라
너희 중에 이와 같은 자들이 있더니 주 예수 그리스도의 이름과
우리 하나님의 성령 안에서 씻음과 거룩함과 의롭다 하심을 받았느니라"(고전 6:9-11)

사탄은 우리에게 이런저런 기독교 활동을 하지 말라고 설득하는 데는 관심이 없다. 그보다는 하나님의 성품과 본성에 관한 절대적인 진리와 하나님 나라의 윤리에 관한 절대적인 진리를 붙들지 못하도록 설득하는 데 관심이 있다.

바울은 이것을 알아차리고, 고린도 신자들에게 불경건한 행동이라는 지뢰밭에서 어슬렁거리지 말라고 경고하며 "미혹을 받지 말라"고 말한다. 불의한 자들은 "하나님의 나라를 유업으로 받지 못"할 것이다.

바울은 고린도에서 사회적으로 용인되던 몇몇 악한 영역들에 대해 말한다. 그 도시는 북적거리는 상업 중심지였고 다양한 인종과 신념과 언어가 뒤섞여 있었다. 하지만 그 문화는 뿌리가 없고 거칠었다. 사실 그곳은 너무 심하게 타락해서 '고린도'라고 하면 부도덕 자체를 상징하기도 했다. 그래서 바울은 어떻게 했는가? 그는 전략을 가지고 이 도시에 조심스럽게 발을 들여놓았다. 그는 "하나님의 말씀에 붙잡혀 유대인들에게 예수는 그리스도라 밝히 증언"했다(행 18:5). 그의 목적은 율법의 제정이 아닌 복음의 선포였다.

문화를 구원할 수 있는 입법 의제는 없다. 다만 사람들을 구원하기 위해 하나님으로부터 온 메시지가 있을 뿐이다. 그 메시지는 간단히 말하면 "예수 그리스도와 그가 십자가에 못 박히신 것"(고전 2:2)이다. 복음은 우리 세상을 위

한 하나님의 아젠다(agenda)다. 하나님은 말씀의 능력과 확신을 가지고 사람들의 삶에 말씀하시며 근본적인 변화를 일으키신다.

바울은 정교한 논리를 펼친 것이 아니었다. 그에게는 오직 하나의 메시지가 있었고 그는 계속해서 반복적으로 그것을 말했다. 오직 그리스도의 십자가 대속의 죽음만이 인류가 그 끝없는 죄에서 벗어나 "새 생명 가운데서 행하게" 할 수 있다고 선포했다(롬 6:4).

악한 상태로 남아 있는 것은 위험하고 불필요하다. 복음의 메시지는 예전 고린도 거리에서 그랬던 것처럼 오늘날에도 크게 효과적으로 울려 퍼지면서, 세상에 만연한 상대주의와 율법주의를 무너뜨린다. 우리의 삶과 도시와 나라에 가장 필요한 것은 죄인들이 구원받는 것이다. 죄는 문제가 되지 않는다는 생각에 속지 말라. 우리 사회에 하나님 나라가 아닌 다른 어떤 것이 가장 필요하다는 생각에 속지 말라. 우리는 십자가에 못 박힌 메시아를 선포해야 한다.

우리를 용서하려고 그분이 죽으셨네.
우리 유익을 위해 그분이 죽으셨네.
그래서 우리는 마침내 천국으로 가네.
그의 존귀한 피가 우리를 구원했네.**29**

 사도행전 18장 1-11절

5월 3일
견고한 기반 위에 안전하게

"…나의 눈을 밝히소서 두렵건대 내가 사망의 잠을 잘까 하오며
두렵건대 나의 원수가 이르기를 내가 그를 이겼다 할까 하오며
내가 흔들릴 때에 나의 대적들이 기뻐할까 하나이다
나는 오직 주의 사랑을 의지하였사오니
나의 마음은 주의 구원을 기뻐하리이다"(시 13:3-5)

캠핑할 때는 텐트 말뚝을 단단한 땅에 안전하게 잘 박는 것이 중요하다. 그 단계가 확실히 마무리되면 마음 편하게 다른 활동을 할 수 있다. 폭풍이 와도 안식처가 잘 버틸 것을 알기 때문이다. 그렇지 않으면 활동을 하고 돌아왔을 때 텐트가 날아가 버린 광경을 보게 될 것이다!

본문에서 다윗은 사람들에게 외면당하고 부당한 대우를 받는 경험에 대해 말한다. 먼저 그는 그 상황에 자신의 감정을 이입시킨다. 그런 다음 자신이 이미 알고 있던 내용을 되새기며 하나님의 신실하신 사랑에 대한 신뢰를 선포한다.

이러한 신뢰는 의지적인 것이다. 비록 마음의 감정은 휘몰아쳤지만, 다윗은 그 감정을 하나님의 성품과 하나님의 목적 아래로 가지고 나아왔다. 그는 하나님의 변함없는 사랑과 실패하지 않는 자비라는 견고한 땅에 그의 소망(마음의 텐트 말뚝)을 박았다. 그렇게 했을 때 그는 다시 기뻐할 수 있었다.

새 하늘과 새 땅에서는 삶의 폭풍이 마침내 잠잠해질 것이다. 하지만 그때까지는 돌풍이나 폭우를 만날 것이다. 우리는 우리 아버지의 현명함을 신뢰하는 만큼 기쁨으로 인내할 수 있다. 그분이 우리에게 무언가를 주지 않으시는 이유는 그 편이 우리에게 더 좋기 때문이다. 그분이 우리에게 받아들이기 어려운 것을 맡기실 때는 그 상황에서 그분의 은혜를 증언할 특권을 주시

기 위해서다. 그분이 우리에게 비를 통과하게 하실 때는 그 비로 인해 우리가 그분께 더 가까이 나아가고 우리의 성품이 좀 더 그분을 닮게 될 것을 아시기 때문이다(약 1:2-4).

우리가 애썼던 일이 산산조각 났을 때는 곧 멸망이 임박할 것처럼 느껴진다. 하지만 그 순간에 우리는 하나님이 "화관을 주어 그 재를 대신하며 기쁨의 기름으로 그 슬픔을 대신하며 찬송의 옷으로 그 근심을 대신"하신다는 것을 기억할 수 있다(사 61:3). 우리가 당하는 각각의 시련은 다윗이 그랬던 것처럼 오직 하나님의 변함없는 사랑을 떠올릴 기회가 된다. 그 사랑은 우리 영혼을 안전하게 하고, 또한 우리가 그분의 구원을 기뻐할 이유가 된다.

오늘, 이렇게 고백하도록 하나님이 우리를 부르신다. "주 예수 그리스도여, 제 인생의 텐트 말뚝을 당신의 변함없는 사랑 안에 확실히 박게 하소서. 그래서 살든지 죽든지, 기쁘든지 슬프든지, 아프든지 건강하든지 기뻐할 수 있게 도와주소서."

 히브리서 12장 3-11절

5월 4일
예수는 왕이시다

"내가 또 들으니
하늘 위에와 땅 위에와 땅 아래와 바다 위에와
또 그 가운데 모든 피조물이 이르되
보좌에 앉으신 이와 어린 양에게
찬송과 존귀와 영광과 권능을 세세토록 돌릴지어다 하니"(계 5:13)

성경은 인간의 역사가 의도적으로 명확한 결론을 향해 나아가고 있다고 매우 분명하게 말한다. 이것이 성경적 세계관의 두드러진 특징 중 하나다. 다시 말해, 세상의 종말에 대한 관점이 기독교가 다른 종교들과 구별되는 지점이다.

우리는 가끔 옛날 사진을 보면서 "나 어딨지?" 혹은 "나 여기 있나?" 하고 묻는다. 그런데 하나님의 계획과 관련해서는, 모든 사람이 요한계시록이 보여주는 역사의 사진 속에 들어있다. 그 이야기에서 예외는 한 명도 없다. 그리고 역사가 끝날 때 모든 사람은 나뉘고 구분될 것이다.

예수님은 이 구분에 관해 말씀하시며 양과 염소가 나뉠 것이라고 하셨다(마 25:31-46). 빛과 어둠이 명확해질 것이고 예수님을 믿는 사람들은 그렇지 않은 사람들과 구별될 것이다. 어떤 사람들은 슬프게도 예수님을 믿는 사람 쪽에 들지 못하겠지만, 어느 쪽에도 속하지 않는 사람은 한 명도 없을 것이다. 따라서 이 큰 사진에서 자신의 위치가 중요하다.

역사의 모든 밀물과 썰물은, 하늘에 보좌가 있으며 그 보좌는 비어있지 않고, 거기에 하나님이 계셔서 다스리신다는 사실에 근거해 조명해야 한다. 예수님은 왕이시며 그 보좌의 오른편에 앉아계신다. 많은 이가 아직 그분의 나라를 알아보지 못하지만 그분이 통치하신다는 사실은 바뀌지 않는다.

4세기 위대한 신학자인 히포의 어거스틴(Augustine of Hippo)은 인간의 타락에서부터 종말까지 두 개의 도시, 즉 두 개의 사랑이 경쟁한다고 말한다. 우리는 본성상 인간의 도시에 속해 있으며, 오직 하나님의 은혜로만 하나님의 도시에 속하고 헌신하게 될 것이다.

땅의 도시, 인간의 도시는 쇠할 수밖에 없다. 하지만 천상의 도시, 하나님의 나라는 영원히 지속될 것이다. 우리는 예수님을 왕으로 인정하고 있는가? 여기에 대한 대답은 우리의 영원을 좌우하는 중요한 문제다. 그리고 어떻게 대답하는가에 따라 현재도 달라진다. 예수님이 우리의 왕이시라면 그분의 명령이 우리가 좋아하는 것을 막는다고 해도 그분께 순종하며 그분의 백성답게 살 것이다. 예수님이 우리의 왕이시라면 다른 누구보다 그분께 충성할 것이다.

이 세상은 우리의 본향이 아니고 그저 잠깐 머무는 곳이다. 바울은 이렇게 말했다. "우리의 시민권은 하늘에 있는지라 거기로부터 구원하는 자 곧 주 예수 그리스도를 기다리노니"(빌 3:20). 더 나은 나라의 시민답게, 더 위대하신 왕의 백성답게 살라. 우리는 온 피조물과 함께 그분께 영광을 돌리며 영원히 살게 될 것이다. 오늘도 우리의 말과 행동으로 그렇게 살아가길 기도한다.

 시편 24편

5월 5일
성전 회복하기

"노끈으로 채찍을 만드사 양이나 소를 다 성전에서 내쫓으시고
돈 바꾸는 사람들의 돈을 쏟으시며 상을 엎으시고…
제자들이 성경 말씀에
주의 전을 사모하는 열심이 나를 삼키리라 한 것을 기억하더라"

(요 2:15, 17)

아버지라면 약물이 자녀의 삶에 파괴적인 영향을 끼치는 것을 볼 때 당연히 의로운 분노에 휩싸일 것이다. 아버지라면 자녀가 그렇게 심하게 망가지는 모습을 절대로 간과하지 않을 것이다. 아니, 오히려 그 악을 몰아내고 회복이 일어나도록 필요한 모든 일을 할 것이다.

하나님의 아들이신 예수님이 땅 위에 있는 그 아버지의 집(예루살렘 성전)에 들어가셨을 때, 그곳의 광경은 그분께 고통스러웠다. 하나님을 예배해야 할 장소가 돈을 숭배하는 장소가 되어버렸다. 살아계신 하나님을 만나도록 세상 나라들을 초청해 불러들여야 할 장소가 오히려 하나님과 멀어지게 하는 일을 하고 있었다. 예수님은 하나님의 이름과 하나님의 영광이 더럽혀지고 변색된 것을 참을 수 없었다. 그리스도의 의로운 분노가 열정과 순수함으로 타올랐다. 우리는 뒤로 물러서서 이런 예수님의 행동을 저지할 이유가 전혀 없다. 이때는 예의를 갖추며 대화를 할 때가 아니다.

예수님은 성전이 왜 그곳에 있는지 그 이유를 정확히 아셨다. 그곳은 하나님을 만나는 장소였다. 그곳은 온 땅의 기쁨이 되어야 했다. 그러나 예수님이 목격하신 것은 그 목적과 정반대의 모습이었다. 그래서 예수님은 말과 행동으로 그 사실을 분명히 드러내셨다.

흥미롭게도 바리새인들은 나중에 예수님을 만났을 때 예수님의 행동을 문

제 삼지 않고 그분의 권위를 문제 삼았다. 예수님은 이 도전에 수수께끼 같은 말씀으로 응답하셨다. "너희가 이 성전을 헐라 내가 사흘 동안에 일으키리라"(요 2:19). 요한은 예수님이 여기서 언급하신 성전이 그분 자신이었다고 설명한다(요 2:21). 장차 예수님은 성전을 방문하기 위해서가 아니라, 자신의 몸과 피를 죄에 대한 완전하고 최종적인 희생제물로 주기 위해서, 그리고 새 생명으로 다시 살아나 영원히 다스리기 위해서 예루살렘에 오실 것이다. 예수님은 그분이 가진 권위를 근거로, 당시 성전의 모습이 하나님의 의도와 달랐음을 극명하게 드러내셨다.

여기서 우리는 하나님의 영광을 지키기 위해 열심을 다하시는 급진적인 예수님을 만나게 된다. 이 예수님은 언제나 옳다고 하며 아무것도 문제 삼지 않는 다정하고 온순한 분이 아니시다. 그분은 위대한 대제사장으로서 성전을 정결하게 하실 뿐 아니라 우리 마음을 깨끗하게 하시고 우리가 외면한 문제를 다루기 위해 오셨다. 진정한 성전이신 그분 안에서 하나님은 "만민이 기도하는 집"(사 56:7)을 세우셨다.

그러니 예수님을 새롭게 바라보라! 그분은 나라들이 하나님을 바르게 예배하여 하나님께 영광을 돌리는 일에 어떤 타협도 허락하지 않으신다. 예수님을 새롭게 바라보라! 그분은 우리 대신 당신의 몸으로 벌을 받아 우리가 회복되도록 자신의 권위와 완벽함을 사용하셨다. 예수님을 새롭게 바라보라! 우리는 그분의 놀라운 은혜를 받은 자들이다. 그러므로 하나님의 영광을 바라는 그분의 열정이 우리의 열정이 되게 하라.

 마태복음 27장 35-56절

5월 6일
값없이 주심

"그러나 너희가 내 괴로움에 함께 참여하였으니 잘하였도다
빌립보 사람들아 너희도 알거니와
복음의 시초에 내가 마게도냐를 떠날 때에
주고 받는 내 일에 참여한 교회가 너희 외에 아무도 없었느니라"

(빌 4:14-15)

그리스도인이 되는 것은 받는 사람이자 주는 사람이 되는 것이다.

주위에서 은퇴자금을 준비하는 것이 중요하다는 말을 많이 들었을 것이다. 건전한 투자를 완전히 무시하는 일은 옳지 않지만, 우리는 믿는 자로서 영원의 관점에서 베풀고 투자하는 것을 고려해야 한다.

빌립보 교회에 보내는 편지에서 사도 바울은 그리스도 안에 있는 형제자매들이 기꺼이 그의 "괴로움에 함께 참여"한 것을 칭찬했다. 여기에는 물질을 서로 나누는 일이 포함되었다. 빌립보 교회의 관대함은 사도 바울을 전혀 돕지 않은 다른 교회들과 비교할 때 단연 돋보였다. 비록 그 교회는 세워진 지 얼마 안 된 어린 교회였지만 빌립보 교인들은 처음부터 복음의 일에 있어서 사도를 돕겠다고 결심했다.

바울을 향한 그들의 후원은 특출했을 뿐 아니라 지속적이었다. 빌립보 교인들의 구제는 일시적이지 않았다. 그들은 바울의 필요를 반복해서 도우며 지속적이고 일관되게 후원했다. 바울이 처음 그들에게 복음을 전한 지 10년이 지난 후에도 그들은 여전히 헌신적이었다.

그들의 구제는 순간적이며 감정적인 흥분이 아니었고 가식적인 겉치레도 아니었다. 오히려 이 초대교회는 자신이 가진 모든 것은 값없이 받은 것이라는 사실을 정확히 알았기에 구제했다. 실제로 예수님은 제자들을 파송하면서

"거저 받았으니 거저 주라"(마 10:8)고 하셨다. 즉 희생과 관대함과 물질을 서로 나누는 관계의 기반은 하나님의 은혜다. 그 기반은 우리의 모든 존재와 모든 소유, 재산과 은사와 재능이 하나님에게서 온 것임을 알 때 세워진다.

베푸는 데 있어서 모두가 같은 은사나 능력을 가진 것은 아니다. 돈을 주는 것이 선행의 유일한 방법인 것도 아니다! 하지만 우리는 모두 하나님이 주신 것을 받은 자이기에 다른 이들에게 줄 수 있다. 하나님은 우리 각자가 "우리에게 주신 은혜대로"(롬 12:6) 베풀 수 있도록 그의 백성을 함께하게 하셨다. 우리는 강요에 의해, 혹은 단순히 순간적인 감정에 사로잡혀, 또는 어떤 건물이나 벤치에 자기 이름을 새기기 위해 베풀어서는 안 된다. 우리는 오직 한 가지 이유로 베풀어야 한다. 바로 하나님이 값없이 관대하게 우리에게 주셨기 때문이다.

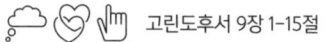 고린도후서 9장 1-15절

5월 7일
우리는 모두 무언가를 숭배한다

"내가…암흑이 그 앞에서 광명이 되게 하며 굽은 데를 곧게 할 것이라
내가 이 일을 행하여 그들을 버리지 아니하리니
조각한 우상을 의지하며 부어 만든 우상을 향하여
너희는 우리의 신이라 하는 자는 물리침을 받아 크게 수치를 당하리라"

(사 42:16-17)

밥 딜런(Bob Dylan)의 말을 빌리면, 우리는 누군가를 섬기고 있다.[30] 맞다. 우리는 모두 무언가를 숭배한다. 문제는 그것이 무엇인가이다.

많은 경우, 우리는 무익하게도 자신이 고안한 작은 창조물들을 섬기거나 의지한다. 역사 내내 인류의 근본적인 문제는 가짜 신들을 만들고 거기서 가짜 구원을 찾아왔다는 것이다. 그러나 이 우상들은 진짜 하나님에 대한 심적인 차원의 대체물에 불과하다. 우리는 주님을 헌신의 대상이자 만족의 원천으로 바라보기보다, 그분이 우리를 위해 창조하신 피조물들을 그분의 자리에 놓으려는 헛된 시도를 한다.

C. S. 루이스는 이렇게 말한다. "우리는 무한한 기쁨이 우리에게 주어졌는데도 술과 섹스와 야망에 빠져 뒹구는, 반쪽짜리 마음을 가진 피조물이다. 바닷가에서 휴가를 보내자는 제안이 무슨 뜻인지 몰라서 계속해서 빈민가에서 진흙 파이를 만들고 싶어 하는 무지한 아이와 같다. 우리는 너무 쉽게 만족해 버린다."[31]

우리가 의존하는 심적 차원의 대체물이 무엇이든, 이 우상들은 아무런 힘이 없다. 그것들은 우리를 도울 수 없다. 이사야가 분명히 말하듯이 그것들은 우리에게 미래를 알려줄 수도 없고, 과거를 돌아보도록 도울 수도 없으며, 충고도 할 수 없다. 그것들은 우리의 질문에 그저 침묵과 충족되지 않은 기대로

답할 뿐이다(사 41:22-23, 28-29).

오직 참되고 살아계신 하나님만이 처음부터 끝까지 모든 것을 아신다. 그분은 침묵을 깨고 다가올 일을 미리 말씀하신다. 그분의 빛으로 어둠을 압도하신다. 그분은 악의 굽은 땅을 의의 곧은 땅으로 바꾸신다. 한때는 우리가 그분께 등을 돌렸지만, 그분은 그의 종 예수님을 우리의 놀라운 조언자로 보내셨다.

우리는 지속적으로 우리의 주의를 끌면서 하나님이 아닌 것에서 만족을 찾으라고 유혹하는 우상들을 만난다. 오늘 가장 크게 다가오는 우상은 무엇인가? 그들이 거짓말을 하고 있다는 것(물론 그들은 그렇다고 말하지 않겠지만)을 알아야 한다. 하나님의 말씀은 우상을 숭배할 때 겪게 될 수치를 경고하고, 우리를 더 좋은 길로 인도한다. 그 길은 하나님을 섬기고 그분의 섬김을 받으며 충만해지는 길이다.

우리는 오늘도 누군가를 섬길 것이다. 그 대상이 살아계시고 사랑이 넘치는 하나님이어야 한다는 사실을 명심하라.

 로마서 1장 16-32절

5월 8일
성령의 능력

"오직 성령이 너희에게 임하시면 너희가 권능을 받고
예루살렘과 온 유대와 사마리아와 땅 끝까지 이르러
내 증인이 되리라 하시니라"

(행 1:8)

성령님이 우리에게 오셨기 때문에 하나님의 백성은 하나님의 말씀을 세상에 전할 수 있다.

성령님 없이는 사도행전의 사건들, 즉 예수님의 제자들이 부활하신 그리스도의 메시지를 예루살렘 거리에서 대대적으로 선포하여 복음이 확장되는 이야기가 일어날 수 없었다. 몇 주 전만 해도 이 제자들은 못 박혀 죽으신 왕을 애도하며 닫힌 문 뒤에 숨어 두려움에 떠는 적은 무리였다. 무엇이 그들의 이런 놀라운 변화를 이끌었는가?

답은 예수님이 무덤을 이기신 것과 그분이 제자들에게 주신 약속, 곧 성령님이 그들에게 힘을 주실 것이라는 약속에서 찾을 수 있다. 이 약속은 예수님의 제자들이 온 세상에 좋은 소식을 전해야 한다는 명령과 짝을 이룬다.

제자들이 열정을 가지고 떠나기 전에 예수님은 그들의 초점을 집중시키셨다. 그들은 예수님의 관심이 이스라엘에 국한되지 않고 모든 곳, 모든 사람에게 있다는 사실을 아직 알지 못했다(그리고 그들이 이 진리를 다 이해하려면 어느 정도 시간이 필요했다. 참조. 행 10:1-11:18). 그래서 예수님은 제자들에게 "예루살렘과 온 유대와 사마리아와 **땅 끝까지** 이르러 내 증인이 되리라"(강조는 저자 추가)고 명령하셨다.

예수님이 승천하신 이후에, 성령님이 제자들에게 오셨다. 예수님이 약속하셨던 대로였다. 그리고 그때 교회가 온 세상으로 확장되는 놀라운 이야기가 시작되었다. 이것은 아직 끝나지 않은 이야기다. 복음이 이 세상 끝까지 전파될 때 모든 믿는 자가 이 이야기에 속하게 될 것이다.

우리가 그리스도 안에 있다면 우리도 이 성령님을 소유하고 있으며 그분의 능력에 힘입어 예수님에 대한 진리를 온 세상에 전파할 수 있다. 그저 제자리에 주저앉아 그리스도인들끼리 영적인 경험을 말하라고 성령님이 오신 것이 아니다. 우리는 은사와 재능을 사용해 복음을 나라들에 전해야 한다. 어떤 사람에게는 그것이 선교사로 나간다는 의미일 수 있다. 또 어떤 사람에게는 자신이 사는 거리나 도시를 다니며 복음을 전하는 것일 수 있다.

하나님은 우리에게 세상적인 관점으로 볼 때는 전혀 공통점이 없는 사람들도 사랑하고 섬기라고 요청하신다. 우리가 그저 가만히 있었으면 전혀 관계를 맺지 않았을 사람들, 혹은 우리를 향해 적대감을 가진 사람들과도 경계를 넘어 함께하라고 요청하신다. 하지만 그렇게 하기 위해 필요한 사랑과 용기를 우리 자신에게서 끌어내라고 요청하지 않으신다. 아니, 우리는 우리 밖에 있는 능력으로 변화해야 한다. 그것이 예수님이 약속하신 것이며 성령님이 주시는 것이다. 그러므로 하나님께 오늘 우리의 삶에 그분의 영을 새롭게 부어달라고 구하라. 그러면 용기와 열정을 가지고 복음을 선포할 수 있을 것이다.

 사도행전 1장 1-11절

5월 9일
완벽한 공감

"그러므로 그가 범사에 형제들과 같이 되심이 마땅하도다
이는 하나님의 일에 자비하고 신실한 대제사장이 되어
백성의 죄를 속량하려 하심이라
그가 시험을 받아 고난을 당하셨은즉
시험 받는 자들을 능히 도우실 수 있느니라"(히 2:17-18)

많은 사람이 반복해서 시험에 빠지는 문제로 좌절한다. 불가항력과 같은 유혹이 찾아올 때 우리는 당황한다. 기진맥진하는 느낌이 들 수도 있다. 그러나 그런 순간이 올 때, 유혹받는 것 자체가 죄가 아니라는 점을 기억하는 것이 중요하다. 죄가 없으신 그리스도께서도 유혹을 당하셨기 때문이다. 하지만 그분은 우리와 달리 유혹에 넘어가지 않으셨기 때문에 우리가 의를 위해 고군분투할 때 우리의 궁극적인 본이 되신다.

그리스도께서 인성을 입으셨을 때, 그분은 인간이 갖는 한계와 시련도 겪으셨다. 그러므로 예수님은 하나님의 아들이시고 위대한 대제사장이시며 인간처럼 유한하지 않은 분이시지만, 우리의 싸움을 완벽하게 공감하실 수 있다는 점에서 우리는 용기를 얻을 수 있다.

우리가 겪는 시련을 그리스도께서 공감하신다는 말은 그분이 죄를 경험하셨다는 의미가 아니라, 죄에 대한 유혹을 경험하셨다는 의미다. 죄가 전혀 없는 분이야말로 죄에 대한 유혹의 최대치를 알 수 있다. 예수님은 멀리서 공감을 보여주시지 않는다. 그분은 유혹을 참는 고통과 도전을 세밀하게 아신다. 그분은 우리가 걷는 지상의 길을 걸어가셨다.

그러므로 우리 앞에 닥친 유혹이 너무나 커서 도저히 이기지 못할 것 같을 때 우리가 향해야 할 곳이 여기 있다. 21세기에 사는 '대제사장들'의 세상적인

지혜에 기대지 말라. 이들은 유혹이 탐닉할 만한 욕구이며, 죄책감은 거부해야 할 고통이고, 수치는 언제나 도움이 안 되는 불필요한 감정이라고 말할 것이다. 그보다는 위대한 대제사장께로 돌아서라. 그분은 유혹을 거절해야 한다고 말씀하시며 그렇게 할 힘을 주신다(고전 10:13). 그분은 또한 우리가 유혹에 져서 갖게 된 죄책감과 수치를 떠안고 십자가 위에서 없애신 분이다.

주 예수 그리스도와의 관계에서 정말로 아름다운 것은, 그분이 우리를 위해 죽기까지 하셨기에 우리는 그분을 향한 믿음을 확고히 해도 된다는 사실이다. 우리는 정기적으로, 겸손하게, 확신을 가지고 전능하신 하나님 앞으로 나아갈 수 있다. 이처럼 우리를 완벽하게 공감하시는 그리스도로 인해 하나님은 우리를 환영하신다. 그리고 영원이 시작될 그때, 그리스도께서 우리를 위해 간구해야 할 것이 하나도 남지 않을 것이다. 우리는 하나님을 경배하며 그 앞에 설 것이고, 그분의 완벽한 임재 가운데로 우리를 초청하신 분을 찬양할 것이다. 그때까지는 유혹과 씨름하며 주님께 순종하려고 애쓸 때마다, 유혹을 직면하고 거부하는 것이 무엇인지 잘 아시는 분께 구하라.

 히브리서 2장 5-18절

5월 10일
이용 약관

"무리와 제자들을 불러 이르시되
누구든지 나를 따라오려거든 자기를 부인하고
자기 십자가를 지고 나를 따를 것이니라
누구든지 자기 목숨을 구원하고자 하면 잃을 것이요
누구든지 나와 복음을 위하여 자기 목숨을 잃으면 구원하리라"(막 8:34-35)

이용 약관에 동의하지 않으면 온라인에서 많은 것을 할 수 없다. 그리고 한 번 '동의'란에 표시한 이후에도 신용카드나 소셜 미디어 플랫폼이나 웹사이트들은 법적 정책이 바뀌었다는 공지를 주기적으로 보낸다. 그들이 제공하는 서비스를 계속 이용하려면 그 새 정책을 받아들여야 한다. 이런 변화는 빈도가 잦고 미묘할 수 있다. 세세한 내용을 다 파악하는 것은 사실상 불가능하다. 하지만 다행히도 그리스도를 따르는 이용 약관은 한 번도 바뀌지 않았고 앞으로도 바뀌지 않을 것이다. 그것은 하나님이 세우셨기 때문에 우리의 선호도에 따라 폐지되거나 수용될 수 없다.

오늘 본문에서 하나님의 아들은 우리에게 그분의 백성이 되고 영생을 얻기 위한 '이용 약관'을 제시하신다. 우리는 때로 주님께 순종하기 위해 자기 힘으로 일어서야 할 것처럼 행동하는 경향이 있다. 하지만 진실은 정반대다! 예수님이 먼저 은혜를 주셨기 때문에 우리가 예수님을 믿을 수 있었듯이(엡 2:8), 우리가 그분을 계속 따라갈 수 있는 것도 바로 그 은혜 때문이라고 성경은 말한다(빌 1:6). 예수님은 우리가 우리 마음과 도덕성과 태도와 사용하는 수단들을 하나님의 통치 아래로 가져오도록 우리를 만지신다.

따라서 그리스도를 따르는 '조건' 중 하나는, 우리 삶이 더 이상 우리의 것이 아님을 받아들이는 것이다. 우리의 개인적인 정체성과 목표가 우선이 아니다. 우리는 그리스도와의 연합을 통해 바깥세상에 드러나는 열매를 맺도록 변화되었다. 그분은 우리를 부르셔서 자기 자신이란 우상을 숭배하는 삶을 철저히 거부하게 하신다.

우리는 자신을 거부함으로써 자기 십자가를 지고 그분을 따른다. 불행히도 '십자가를 진다'는 비유는 종종 그 의미가 축소되고는 한다. 십자가는 사실 인류가 고안한 처형 방법 중 가장 잔인하고 끔찍한 형벌이었다. 예수님은 이 십자가를 진다는 이미지를 사용해서 제자가 되기 위해 큰 대가를 치러야 한다는 점을 강조하신다.

하지만 그리스도께서는 자신이 하지 않은 일을 우리에게 시키는 분이 아니시다. 예수님이 우리를 값을 주고 사신 것은 십자가 위에서였다(고전 6:20). 따라서 제자로서 그분과 동행한다는 것은 자신의 옛 자아에 대해 죽고 영생을 향해 걸어가는 행진이라고 할 수 있다. 그저 어슬렁거리는 것이 아니라 산제물이 되는 것이다. 우리는 우리 자신의 것이 아니기 때문이다. 하지만 용기를 가지라. 그 행진에는 아름다움이 있다. 언젠가 인자가 능력과 영광 중에 그분의 나라에 돌아오실 때 망가진 것들이 구원받을 것이다. 그때까지 하나님 나라를 위해 우리의 생명을 잃는 것이 가장 남는 장사다.

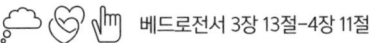 베드로전서 3장 13절-4장 11절

5월 11일
이것이 주가 하신 일이다

"그 여인이 모압 지방에서
여호와께서 자기 백성을 돌보시사 그들에게 양식을 주셨다 함을 듣고
이에 두 며느리와 함께 일어나
모압 지방에서 돌아오려 하여"

(룻 1:6)

베들레헴은 성경 역사에서 가장 눈에 띄는 마을이다. 다윗이 왕위에 앉기 전에 그는 이 마을에서 양 떼를 돌보았다. 그리고 천 년 후, 다른 목자들이 양 떼를 돌볼 때 바로 그곳에서 천사들이 예수 그리스도의 탄생을 선포했다.

그러나 이 중요한 사건들이 있기 전, 사사 시대에는 폭력과 사회·정치적인 무질서와 종교적 혼돈이 이 마을을 뒤덮고 있었다. 이 격동의 시기에 기근이 베들레헴을 덮쳤고, '빵의 집'이라는 뜻을 가진 이 마을은 기아와 절망의 집이 되어버렸다.

이런 절망적인 상황에서 엘리멜렉이라는 한 남자가 먹을 것을 찾아 그의 아내 나오미와 두 아들을 데리고 모압 땅으로 가기로 했다. 엘리멜렉의 이름은 '나의 하나님이 왕이시다'라는 뜻이다. 하지만 그가 하나님의 약속의 땅을 떠나 이스라엘 대적의 땅에서 살기로 결정한 것은 그가 정말로 하나님의 공급하심을 신뢰하며 그분의 통치에 순종했던 것인지 질문하게 한다.

모압은 풍요가 아닌 비극의 땅이 되어버렸다. 엘리멜렉과 그의 아들들은 죽었고 나오미는 과부가 되어 남겨졌다. 하지만 몇 년이 지난 후, 나오미의 고통 가득한 어둠 속에 작은 소망의 빛줄기가 비추기 시작했다. 베들레헴에 다시 먹을 것이 생겼다는 소식이 들려왔다. 하나님이 당신의 땅에서 당신의 백성들을 먹이신 것이다.

수천 년이 지난 지금, 우리는 하나님이 그 백성의 필요를 채우신다는 이 사실을 성급하게 지나치려 한다. 우리는 자신이 구원받은 사실은 알면서도, 그분이 매일 우리의 필요를 공급하신다는 사실은 얼마나 쉽게 잊는가! 우리는 그분이 매일의 삶에서 무엇을 하시며 무엇을 공급하시는지 보는 눈을 가졌는가? 하루를 마치면서 그분이 하신 모든 일에 대해 감사하는가?

하나님의 끊임없는 공급을 보여주는 한 가지 실질적인 예는 우리가 매일 먹는 음식이다. 오직 그리스도인만이 식료품 가게를 오가면서 놀라움과 감사의 마음을 가질 것이다! 사실 궁극적으로 보면 가게에 즐비하게 쌓인 물건들은 다 하나님이 주신 것이다. 우리는 달걀과 우유를 사면서 "이는 여호와께서 행하신 것이요 우리 눈에 기이한 바로다"(시 118:23)라고 말할 수 있다.

인생에서 일어나는 일들이 제아무리 어둡고 극단적으로 보여도, 하나님은 여전히 그분의 백성을 돌보시고 그분의 목적을 이루신다. 하지만 많은 경우 우리가 생각지도 못했던 사람들을 통해서, 드러나지 않는 방식으로 그렇게 하신다. 하나님은 나오미와 그녀의 가족을 통해 위대한 일을 하려는 목적을 가지셨다. 그리고 그 목적은 베들레헴에 먹을 것이 생기는 것으로 시작되었다. 우리도 눈을 열어 보아야 한다. 하나님이 음식을 주신다는 것은 우리의 가장 큰 지속적인 필요, 즉 우리의 구원자 예수 그리스도를 채워주신다는 것이다. 또한, 우리의 가장 중요한 소명인 "하나님이 전에 예비하사 우리로 그 가운데서 행하게 하려" 하신 선한 일을 하도록 공급하신다는 의미다(엡 2:10).

 사도행전 17장 24-31절

5월 12일
결단의 계곡

"룻이 이르되 내게 어머니를 떠나며
어머니를 따르지 말고 돌아가라 강권하지 마옵소서
어머니께서 가시는 곳에 나도 가고 어머니께서 머무시는 곳에서 나도 머물겠나이다
어머니의 백성이 나의 백성이 되고 어머니의 하나님이 나의 하나님이 되시리니"

(룻 1:16)

살다 보면 결단이 필요할 때가 있다. 목사이자 저자인 리코 타이스(Rico Tice)는 "우리는 우리가 했던 선택들 그 자체다"[32]라고 말했다.

모압에서 남편과 두 아들을 잃는 큰 비극을 겪고 난 후, 나오미는 자기 고향 베들레헴으로 돌아가기로 결심했다. 그러나 며느리인 룻과 오르바에게 같이 가자고 강요하는 대신, 그들의 고향인 모압에서 각자 가족에게로 돌아가 다시 결혼하고 행복한 인생을 살라고 권했다(룻 1:8-9). 룻과 오르바는 그들의 인생이 바뀌는 결단의 순간을 맞게 되었다.

이 세 여인의 삶은 서로 연결되어 있었다. 그들은 함께 상실을 겪었고 함께 슬퍼했고 함께 울었다. 그러나 결국 오르바는 모압에 남기로 하고 룻은 나오미와 함께 베들레헴으로 가기로 결심했다. 사실 오르바는 누구나 기대할 수 있는 상식적인 선택을 한 것이다. 반면 룻은 익숙한 사람들과 지내는 대신 모르는 사람들과 함께 사는 것을 선택했다. 그녀는 늙고 무기력한 시어머니와 함께하기 위해 재혼할 가능성을 포기했다.

룻은 익숙함이나 안전이나 관계의 가능성 같은 것에 자신의 결정이 좌우되어서는 안 된다는 것을 알았다. 이 순간이 그녀의 인생과 운명을 결정할 것이었다. 모압에 남는다는 것은 그녀가 자라면서 배운 거짓 신들과 함께 남는다는 뜻이며, 나오미를 통해 알게 된 아브라함과 이삭과 야곱의 하나님에 관한

모든 것에서 돌아선다는 의미였다. 나오미의 하나님은 룻의 하나님이 되어 있었다. 그래서 그녀는 나오미 옆에 남기로 결심했다.

베들레헴으로 가기로 한 룻의 결심은 예수님이 우리에게 요구하신 결단을 예표한다. "너희는 내 제자가 되고 싶으냐, 아니면 너희가 알던 그 삶으로 돌아가고 싶으냐? 나를 위해 아버지나 어머니, 그리고 안정과 안전을 대표하는 모든 것을 버릴 자가 누구냐?"(참조. 눅 14:26) 우리는 "주님이 가시는 곳에 나도 가겠습니다"라고 확신 있게 말할 수 있는가? "낯설고 인적 없는 길이지만, 여전히 그 길을 가겠습니다"라고 선포할 수 있는가?

이 결정은 구원의 순간에 일회적으로 내리는 결정이 아니다. 살면서 매일 내려야 할 결정이다. 죄악된 옛길로 돌아갈 것인가, 아니면 진리의 길을 따를 것인가? 하나님을 따르고 그분의 백성을 섬기기 위해 희생하고 위험을 감수하겠는가?

이런 중요한 결정을 용감하고 신실하게 내린 룻의 예는 우리에게 본이 된다. 우리가 어떤 학위를 받고 어떤 직업을 가질지, 시간을 어떻게 쓰고 누구와 시간을 보낼지, 얼마나 많은 돈을 벌고 어떻게 관리할지, 어디서 살면서 어떻게 섬길지를 고려할 때 좋은 본보기가 될 것이다. 이런 결정들을 올바르게 내릴 때 우리는 예수 그리스도를 따르는 일에 전적으로 헌신된 사람, 풍성한 삶을 진정으로 누리는 사람으로 구별될 것이다(요 10:10).

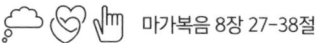 마가복음 8장 27-38절

5월 13일
평범한 사람들의 하나님

"나오미가 모압 지방에서
그의 며느리 모압 여인 룻과 함께 돌아왔는데
그들이 보리 추수 시작할 때에 베들레헴에 이르렀더라"

(룻 1:22)

뉴스를 보다가, 문득 자신이 너무 작다고 느낀 적 있는가? "내가 누구인지, 내가 지금 어디 있는지 하나님이 아실까? 모든 것의 창조주이신 하나님이 내게 무슨 관심이 있으실까?" 하고 궁금했던 적 있는가?

우리는 너무나 평범한 사람들이다. 그리고 우리는 '평범함'을 '쓸모없음'으로 쉽게 치부해버린다. 그러나 룻과 나오미의 이야기는 무언가 다른 것을 보여준다. 이 이야기 속에서 우리는 하나님의 주권적이고 섭리적인 손길이 인생의 일상 속에 일하고 계심을 발견하게 된다. 그분은 아시고, 보살피시고, 지탱하시고, 공급하신다.

하나님의 섭리와 보살핌에 대한 룻기 이야기는 한 사람의 실수로 시작된다. 엘리멜렉은 기근이 든 베들레헴을 떠나 풍요롭던 모압으로 아내 나오미와 두 아들을 데리고 가기로 했다. 이는 불행을 가져올 결정이었다. 그와 그의 아들들은 그곳에서 죽고 말았다.

엘리멜렉이 그런 결정을 내리게 된 동기가 절망 때문이었는지 혹은 불만족이나 불신 때문이었는지 잘 모른다. 그러나 성경은 그의 선택, 즉 인간의 어리석음 때문에 하나님의 섭리가 중단되지 않는다는 것을 보여준다. 우리가 처한 환경에서 잘못된 선택을 하더라도, 예를 들어 하나님의 약속의 땅을 벗어나는 것과 같은 선택을 하더라도, 하나님은 여전히 그분의 목적을 완성하실 수 있다. 그러므로 우리의 실수 때문에 하나님이 우리 삶을 돌보지 않으실 거라는 두려움이 파고들 때에도 우리는 그분의 섭리 속에서 쉴 수 있다. 그 섭리는 우리의 가장 큰 실수, 혹은 가장 작은 실수들 속에서도 작동한다.

하나님이 우리의 일상 속에서, 그리고 우리의 실수를 통해 일하시는 것을 보았는가? 아니면, 하나님은 놀랍고 특별한 방식으로만 일하신다거나 우리가 순종할 때에만 일하신다는 거짓말에 붙들려 있는가?

특별한 것만 찾다 보면 일상에 드러나는 하나님의 영광을 놓치게 된다. 탁자 위에 놓인 사과 그릇, 잘 차려진 식사, 노래하는 새들, 친구와의 대화, 구름 낀 저녁 하늘에 비친 달빛에도 하나님의 영광이 있다. 또 우리가 잘할 때만 하나님이 일하신다고 생각하면 죄인들을 통해 일하시는 하나님의 은혜를 놓치게 된다. 이웃과 그리스도에 관해 나누는 대화를 통해, 자녀에게 성급하게 말해 놓고 사과하는 부모의 후회를 통해, 걱정 때문에 잠 못 이루는 누군가를 위한 기도를 통해서도 하나님은 일하신다. 추수할 때가 된 밀밭의 풍경은 룻과 나오미에게 한편으로는 일상적인 광경이었다. 하지만 그 광경은 그들에 대한 하나님의 섭리를 선포하고 있었다. 그들은 실수하고 슬픔을 겪기도 했지만, 하나님이 그들을 아시고 보살피시고 지탱하시고 공급하신다는 사실을 밀 수확을 통해 알 수 있었다.

하나님은 변하지 않으신다. 하나님은 온 세상을 돌보시는 분이지만 우리도 돌보고 계시며 이렇게 말씀하신다. "내가 너를 안다. 너의 이름이 내 손바닥에 새겨져 있다. 내가 나오미와 룻을 보살핀 것처럼 확실히 너도 돌보고 있다"(참조. 사 49:16). 하나님은 자녀를 지키시고 인도하신다. 오늘 하루가 아무리 평범하다고 해도 그 지식으로 인해 우리의 마음이 평안하기를 바란다.

 시편 139편

5월 May

5월 14일
슬픔의 신학

"…나를 나오미라 부르지 말고 나를 마라라 부르라
이는 전능자가 나를 심히 괴롭게 하셨음이니라
내가 풍족하게 나갔더니
여호와께서 내게 비어 돌아오게 하셨느니라…"

(룻 1:20-21)

나오미가 남편과 두 아들의 무덤을 모압에 남겨두고 베들레헴으로 돌아와 낯익은 장소와 얼굴들을 대면했을 때 얼마나 슬프고 고통스러웠을지 상상할 수 있겠는가? 어떤 생각과 기억들이 떠올랐을까? '아, 저분은 누구의 부인이고 저들은 그녀의 아들들이 틀림없어. 저렇게 훌쩍 자랐구나! 이곳은 내가 애들을 데리고 자주 오던 곳인데…. 이곳은 엘리멜렉과 내가 걷던 곳이야….'

자신에게 닥친 상황의 쓰라린 기억이 몰려오자, '기쁨'이라는 뜻의 이름을 가진 나오미는 자신의 이름을 '괴로움'이라는 뜻의 '마라'라고 부르기로 했다. 그녀는 괜찮은 척하며 사람들에게 자기 삶의 어려움을 숨기지 않았다. 그것은 정직하지 못한 일일 뿐 아니라, 윌리엄 쿠퍼(William Cowper)가 "고난의 섭리"[33]라고 부른, 그녀의 믿음을 떠받치던 신학에도 위배되었기 때문이다.

나오미의 상황은, 하나님의 백성도 때로 견딜 수 없는 고통에 직면하고 부당한 환경을 맞기도 하며 어떤 질문에는 대답을 얻지 못할 수도 있음을 보여준다. 그녀를 보며 한 가지 질문이 생긴다. 슬픔이 우리 삶에 들이닥칠 때 우리는 무엇을 해야 하는가?

고통의 실재는 그리스도인의 문제이자 모든 사람이 겪는 문제이기도 하다. 모든 사람이 고통의 문제와 씨름해야 한다. 무신론자도 이 문제를 만족스럽게 풀 수 없다. 만일 하나님이 계시지 않는다면 모든 일은 그저 우연히 일어난 것에 불과하다. 하지만 그리스도인은 이렇게 물을 수 있으며, 물어야 한다. "이런 때에 하나님은 어디 계십니까?"

나오미의 정직한 감정 표현은 그녀의 신학과 일치한다. 그녀는 일어난 모든 일을 우연으로 돌리지 않고 하나님의 손이 행하신 것임을 인정한다. 그녀는 고통 속에서도 하나님은 옳으시다고 선언한다. 그리고 그분을 '샤다이'(*Shaddai*), '전능자', 공급하시고 보호하시는 하나님이라고 부른다. '샤다이'는 무슨 뜻인가? 우리가 최악의 상황일 때도 그분이 최선이시라는 하나님의 특성을 의미한다.34 나오미는 기근과 상실과 사별과 의심과 헤어짐을 경험했다. 하지만 그녀는 하나님이 '샤다이'이심을 알았기에 쓰라린 시련에 대한 설명과 책임을 그분께 맡길 수 있었다.

파도가 몰아칠 때, 차 바퀴가 길에서 벗어날 때, 모든 것이 뒤얽힐 때, 우리는 어디를 향하는가? 하나님이 누구신지 아는 지식과 하나님이 그의 백성을 어떻게 다루시는지 아는 지식에 의지해야 한다. 이것이 우리가 서야 할 확실한 기반이다. 우리가 달리 어디로 갈 수 있겠는가?

나오미가 베들레헴을 떠날 때는 기근이 있었다. 그리고 그녀가 돌아왔을 때는 수확이 있었다. 슬픔의 구름을 통과한 후, 하나님이 나오미와 룻에게 풍성히 공급하실 무대가 준비되었을 때 소망의 빛이 비치기 시작했다. 하나님이 일하실 때는 절망조차도 새로운 출발과 기회를 위한 통로가 될 수 있다. 그분은 언젠가 모든 어두움을 몰아내실 것이다. 하나님은 우리의 '샤다이'이시다. 오늘 우리 삶의 어느 부분에서 이 진리가 필요한가? 또 주변의 누구에게 이것을 나눠야겠는가?

 룻기 1장

5월 15일
일어나서 올라타라

"모압 여인 룻이 나오미에게 이르되
원하건대 내가 밭으로 가서 내가 누구에게 은혜를 입으면
그를 따라서 이삭을 줍겠나이다…"

(룻 2:2)

아침에 잠에서 깨면 침대에 누워 그날 일어날 일을 떠올릴 때가 있는가? 그럴 때 감당해야 할 어려운 일들에 압도되는가, 아니면 그저 그런 일상에 지루함을 느끼는가?

난생처음 베들레헴에 온 룻은 처음 며칠간 아침에 일어날 때마다 자신이 지금 어디에 있는지 그동안 어떤 일이 있었는지 떠올려야 했을 것이다. '내 남편은 죽었지. 그리고 난 지금 낯선 땅에서 홀로 된 시어머니와 살고 있어. 내가 한 결심이지만 옳은 결정이었으면 좋겠어. 이제 어떻게 하지?'

룻은 그냥 가만히 앉아서 자신의 삶에 기적이 일어나기를 기다리지 않았다. 그녀는 상식에 따라 깊이 생각했고 실제적인 행동으로 옮겼다. 룻은 자신과 어머니 나오미가 살아가기 위해서는 대책이 필요한 것을 알았고, 자신은 아직 일할 수 있는 능력이 있음을 깨달았다. 그래서 그녀는 밭에 나가 음식을 구해오기에 앞서 나오미의 조언과 허락을 구했다.

상식은 우리 자신의 통찰력이나 능력에 의지한다는 의미가 아니다. 우리는 하나님을 신뢰하고 그분을 바라보아야 한다. 하지만 또한 우리는 그분의 뜻에 따라 지각 있는 삶을 살도록 우리에게 주신 능력들을 사용해야 한다. 우리가 할 수 있는 일을 할 준비가 되어야 한다. 그리고 나머지는 하나님께 맡겨야 한다. 수동성을 거룩함이라고 착각하지 말라. 하나님이 주신 모든 기회(우

리에게 필요한 것을 얻을 각각의 기회)는 온갖 좋은 은사와 온전한 선물을 주시는 분에게서 오는, 우리가 감히 받을 수 없는 자비이자 호의다(약 1:17). 룻은 그녀의 태도와 행동을 통해 이것을 우리에게 보여준다.

아침에 일어나서 하루를 시작할 때, 하나님은 그저 가만히 계시는 분이 아니라는 사실을 믿으라. 하나님은 그분의 뜻에 따라 모든 것을 행하고 계신다(롬 8:28). 하늘에서 줄줄이 내려오는 꾸러미가 아니라, 날마다 살면서 펼쳐보아야 할 두루마리와 같다. 일상에서 발견하는 그분의 호의로 인해 우리는 또 다음 날을 향해 계속해서 나아갈 수 있다. 오늘 하루가 흥미롭지도, 그리 화려하지 않았을지도 모른다. 오늘 닥친 일을 어떻게 극복해야 할지 확신이 서지 않을 수도 있다. 하지만 오늘은 하나님이 우리에게 주신 날이다. 또한 그분은 우리가 그분의 뜻을 행할 수 있도록 필요한 모든 것을 주신다.

룻처럼 아침에 일어나 우리에게 주어진 이 삶을 받아들이고 하나님과 그분의 영광을 위해 살아가겠는가?

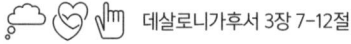 데살로니가후서 3장 7-12절

5월 16일
하나님의 섭리라는 테피스트리

"룻이 가서 베는 자를 따라 밭에서 이삭을 줍는데
우연히 엘리멜렉의 친족 보아스에게 속한 밭에 이르렀더라
마침 보아스가 베들레헴에서부터 와서…"

(룻 2:3-4)

우리 눈에는 헝클어진 매듭처럼 보이는 것들이 사실은 하나님이 짠 테피스트리(tapestry)의 뒷면일 때가 많다.

나오미와 룻은 인생의 실이 헝클어진 것 같은 일들을 경험했다. 그들은 과부의 몸으로 돈 한 푼 없이 이스라엘에 도착했다. 이는 무법한 사회에서 여성으로 살기에 위험한 상황이었다(참조. 삿 21:25).

구약의 이스라엘 사회에서는 전문 수확꾼들이 수확할 때 가난한 자들이 그 뒤를 따르며 남은 곡식을 모을 수 있도록 율법으로 허용하고 있었다. 이 율법은 하나님이 친히 정하신 것으로, 가난한 자들을 향한 하나님의 보살핌과 관심을 보여준다. 하지만 이 시기에는 하나님의 율법이 지켜지지 않을 때가 많았다. 그러나 룻이 밭에 나가기로 결심했을 때 하나님은 그녀와 나오미의 필요를 공급하기 위해 이 율법을 통해 일하셨다. 일상적인 결정처럼 보이는 룻의 결정은 이 두 여인을 위한(그리고 모든 구원 역사를 위한!) 하나님의 섭리적인 계획을 보여주었다.

룻은 결국 나오미의 죽은 남편의 먼 친척이자 재산이 많고 지위가 높은 보아스의 밭에서 이삭을 줍게 되었다. 고대 이스라엘 사람들은 가족이 사회의 기본 단위라고 이해하고 있었으며, 더 넓은 가족의 일원들은 나오미처럼 힘든 처지에 있는 친척을 돕고 보호해야 한다고 여겼다. 이 모든 것이 처음에는

특별할 것 없어 보였지만, 룻과 나오미를 위해 넘치도록 부어주시는 하나님의 손길이었음 넌지시 알려주고 있다.

사실 룻의 이야기를 읽다 보면 세세한 많은 부분이 우연히 일어나는 것처럼 보인다. 룻은 '우연히' 그날 이삭을 줍기로 결심했다. 나오미는 '우연히' 그렇게 하라고 격려했다. 보아스는 '우연히' 그 시간에 자기 밭을 수확하기로 했다. 룻은 '우연히' 그의 밭에서 이삭을 주웠다. 하지만 이 이야기를 전체적으로 보면, 이 모든 일이 구원 목적을 이루어가시는 하나님의 섭리적인 수단이었음을 보게 된다. 결국 보아스와 룻의 계보에서 다윗왕이 나오고, 종국에는 '베들레헴 출신'의 위대한 공급자이자 보호자이신 그리스도께서 나오신다.

하나님이 이 실들로 그분의 아름다운 섭리 이야기를 짜실 때, 룻과 나오미는 분명 매듭이 생기거나 연결이 끊기거나 해어진 실들을 볼 때가 있었을 것이다. 사탄은 종종 그런 어수선하고 절망스러워 보이는 환경에 우리의 시선을 집중하게 하고 하나님과 그분의 선한 섭리를 의심하게 한다. 이 어지럽게 보이던 것이 사실은 하나님이 짜놓은 테피스트리의 뒷면이라는 것을 우리는 너무 쉽게 잊어버린다. 하지만 언젠가 하나님이 만드신 작품의 앞면을 볼 때 그렇게 이상하고 어둡던 실들이 사실은 하나님의 영광스러운 무늬의 일부였음을 알게 될 것이다.

오늘 우리의 '우연들'은 그저 우연이 아님을 기억하라. 불확실한 일들과 어려움들은 하나님을 신뢰할 기회임을 기억하라. 그 모든 배후에서 하나님은 그의 백성을 더욱 믿음과 경건함으로 성장하게 하시고, 그들을 본향으로 데려가려는 계획을 수행하고 계신다는 사실을 기억하라.

 룻기 2장

5월 17일
여호와께서 너희와 함께 하시기를 원하노라!

"마침 보아스가 베들레헴에서부터 와서 베는 자들에게 이르되
여호와께서 너희와 함께 하시기를 원하노라 하니
그들이 대답하되 여호와께서 당신에게 복 주시기를 원하나이다 하니라"

(룻 2:4)

사람들이 건네는 인사말을 보면 그 사람에 대해 많은 것을 알게 된다.

보아스가 자기 밭에(그리고 룻기에) 등장했을 때 그는 일꾼들에게 인사를 건네는데, 거기에서 그의 성품의 깊이와 하나님과의 관계를 볼 수 있다.

보아스는 하나님의 임재를 늘 인식하며 살았기에 일상에서도 그 모습이 드러났다. 구약 전반에 걸쳐 등장하는 많은 하나님의 사람들도 마찬가지였다. 그들은 성과 속을 구별해서 보지 않았다. 오히려 삶의 모든 영역이 하나님의 목전에서 사는 것이었다. 우리가 이런 믿음으로 살아간다면 우리의 말과 우리가 맺는 관계에서 엄청난 변화와 복을 경험할 것이다.

보아스가 등장했을 때 그가 주님의 이름을 무심코, 또는 불경하게 들먹이지 않았다는 점에 주목하라. 그는 의도적으로 경외감을 가지고 하나님의 이름을 들어 인사를 건넸다. 그의 삶에서 하나님이 갖는 권위와 친밀감이 드러나는 태도였다. 그런 경외감은 우리의 말에서 피상성을 억제하고, 우리가 누울 때나 일어날 때나 길을 걸을 때나 다른 사람과 대화할 때 모든 상황에서 하나님의 복을 구하게 한다(신 6:7).

보아스는 밭에 들어서자마자 일꾼들을 축복함으로써 그들을 존중하는 분위기를 조성했다. 그가 보여준 본을 보며 우리도 스스로 질문할 수 있어야 한다. '나는 내가 일하는 장소, 우리 집, 식료품 가게, 교회에서 어떤 분위기를

조성하고 있나?' 주님이 주시는 복과 만족이 우리 삶에 깃들이게 되면, 우리가 회사 대표든지 인턴이든지, 우리의 일이 장부를 맞추는 일이든지 끝없이 기저귀를 가는 일이든지, 우리가 행하고 말하는 모든 것을 통해 그분을 드러내며 복을 전할 수 있다.

그리스도께서 우리 삶의 주님이요 구원자로 정말 들어오셨다면 우리의 믿음은 모든 순간에 드러나야 한다. 매일 15분 정도 갖는 '하나님과의 시간'에 만족하며 그것으로 하루 종일 버틸 수 있기를 바라지 말라. 자신도 그분의 임재 안에 살지 못하면서 다른 사람을 그분의 임재 가운데로 데리고 올 수는 없는 법이다. 우리의 대화 속에 그분이 있게 하라. 하루의 작은 승리와 어려움 속으로 그분의 임재와 약속을 끌어오라. 일하는 시간 내내 그분과 대화하는 습관을 만들려고 애써보라. 하나님의 임재를 자각하며 살아가라. 그러면 그것이 우리의 일상과 모든 태도 속에 드러날 것이다.

오 주님, 오직 당신의 진실한 사랑 안에서
천상의 완전한 쉼을 누립니다.
그러니 도와주소서. 오늘과 매일,
기도하며 당신께 더 가까이 살게 하소서.³⁵

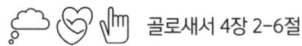 골로새서 4장 2-6절

5월 18일
호의와 공급하심

"룻이 엎드려 얼굴을 땅에 대고 절하며
그에게 이르되 나는 이방 여인이거늘
당신이 어찌하여 내게 은혜를 베푸시며 나를 돌보시나이까 하니"

(룻 2:10)

은혜받을 자격이 없음을 아는 마음만이 은혜를 받았을 때 가장 합당하게 감격할 수 있다.

룻은 열심히 일했다. 보아스의 밭에서 일꾼들을 뒤따르며 이삭을 줍던 룻의 모습은, 여러 가지 면에서 사도 바울이 데살로니가 교인들에게 했던 권면의 좋은 예가 되었다. "또 너희에게 명한 것 같이 조용히 자기 일을 하고 너희 손으로 일하기를 힘쓰라 이는 외인에 대하여 단정히 행하고 또한 아무 궁핍함이 없게 하려 함이라"(살전 4:11-12).

룻은 홀로된 시어머니와 함께 이방 땅에서 과부로 살아가면서도 자기 연민에 빠져 어떤 극적인 도움을 바라며 가만히 앉아 있지 않았다. 오히려 남은 이삭을 줍기 위해 밭으로 갈 기회를 잡아 자신과 나오미를 부양했다. 그녀는 생활을 책임졌을 뿐 아니라 강력하고 끈질긴 직업의식을 가지고 거의 쉬지 못하고 오랜 시간 일하는 일과에 적극적으로 임했다(룻 2:7).

이 모든 일에서도 룻은 누군가 자신을 알아주길 바라거나 자신이 호의를 받을 자격이 있다고 전혀 생각하지 않았다. 보아스의 밭에 일하러 가기로 결심한 것이나 자신의 노력에 대해 자화자찬하기보다 자신의 노동을 당연한 의무로 여겼다. 그래서 보아스가 그녀에게 호의를 베풀고 축복했을 때(룻 2:8-9) 놀라움으로 감사할 수 있었다. 자신이 그에게서 아무것도 받을 자격이 없다고 여겼기에 그것을 선물로 받았다.

겸손과 감사는 한 쌍이다. 감사가 없는 마음은 교만과 한 쌍이지만, 겸손한 마음은 늘 감사와 함께할 것이다.

보아스의 호의와 보호는, 장차 그의 족보에서 나실 위대한 왕 예수 그리스도를 통해 하나님이 우리에게 베푸실 영원한 호의와 보호를 예표한다. 룻의 이야기에서 우리의 영원한 이야기를 발견할 때 우리도 룻처럼 겸손해질 수 있다. 보아스가 룻에게 음식과 물을 주는 장면에서(룻 2:9, 14) 우리는 다른 남자와 여자의 얼굴을 볼 수도 있다. 예수님과 사마리아 우물가의 여인이다. 거기서 하나님의 아들은 사마리아 여인의 영적 목마름을 해갈할 영원한 물을 주셨다(요 4:1-45). 보아스는 그날 룻의 물질적인 필요를 채워주었지만, 그리스도께서는 우리의 모든 필요를 영원히 채워주신다. 그분은 우리 모두를 위한 생수이며 생명의 떡이시다.

"나는 이방 여인이거늘 당신이 어찌하여 내게 은혜를 베푸시며 나를 돌보시나이까?" 이런 질문이 우리의 입술에도 늘 있어야 한다. "주 예수님, 저는 죄인인데 어찌하여 제게 은혜를 베푸시고 저를 사랑하십니까?" 대답은 간단하다. 은혜다. 우리가 가족과 교회와 주님을 위해 무슨 일을 하든, 우리는 하나님의 순전한 은혜를 통해 하나님의 은총을 받을 뿐이다. 다른 지위나 다른 사람이 필요 없다. 하나님이 은혜로 베푸신 공급으로 인해 우리는 이렇게 노래할 수 있다. "견고한 바위이신 그리스도 위에 나는 서네. 다른 모든 것은 가라앉는 모래라네."**36** 우리가 받은 은혜에 놀라며 찬양하는 하루가 되게 하라.

 에베소서 2장 11-22절

5월 19일
그의 식탁에 초대받다

"식사할 때에 보아스가 룻에게 이르되
이리로 와서 떡을 먹으며 네 떡 조각을 초에 찍으라 하므로
룻이 곡식 베는 자 곁에 앉으니
그가 볶은 곡식을 주매 룻이 배불리 먹고 남았더라"
(룻 2:14)

우리는 고립된 삶과 하나님이 주시는 수용의 삶 사이를 잇는 다리가 되도록 부름받았다. 룻에게 보아스는 그 다리였다. 보아스는 하루 종일 일한 일꾼들을 식탁으로 초대했다. 그리고 룻도 그들 사이에서 먹을 수 있도록 초대했다. 이 일의 중요성을 간과하기 쉬운데, 룻은 낯선 이방인이자 여자였다. 보아스의 행동은 예상 밖이었고 문화적으로도 자연스럽지 않았다. 그 행동은 그리스도를 닮아 있었다.

보아스는 고립과 하나님의 수용을 잇는 다리 역할의 표본이다. 룻은 모압 사람으로서 베들레헴에 사는 사람들과는 모습도 행동도 달랐을 것이다. 게다가 룻과 나오미의 과부라는 신분은 사회적인 관계에서 그들을 고립시켰을 것이다. 하지만 하나님의 사랑이 마음에 가득했던 보아스는 그런 편견들을 무시하고 룻을 자신의 식탁으로 맞아들였다.

보아스는 룻이 편안하게 느끼도록 자신이 배려하는 것에서 그치지 않았다. 다른 일꾼들도 룻을 받아들이고 친절하게 대하도록 했고, 그녀가 혼자서 새로운 기술을 배우느라 고군분투하게 내버려두지 않았다(룻 2:15-16). 그는 넘치도록 그녀에게 공급했고 그녀를 보살폈다.

우리도 믿지 않는 자들, 새신자들, 혹은 우리 교회에 처음 방문한 사람들을 위해 같은 일을 하는가? 그리스도인은 정의상 하나님의 언약적 사랑을 받은

자들이다. 그러므로 그리스도인은 버림받은 자를 포용하는 첫 번째 사람이 되어야 한다. "여러분을 환영합니다! 여러분이 계셔서 참 기쁩니다! 함께 참여해 주세요! 함께하시겠어요?"라고 묻는 첫 번째 사람이 되어야 한다. 우리는 흔히 경험하는 이기적인 배타심, 그리고 비슷한 사람하고만 시간을 보내려 하는 나쁜 습관에 맞서야 한다.

우리가 그리스도 안에서 하나님께 받아들여졌음을 안다면, 우리는 장애물이 아닌 다리가 되기 위해 필요한 용기를 가질 것이다. 룻의 인종과 사회적 지위와 일 경험의 부족에도 불구하고 보아스가 그녀를 받아들인 이야기는, 위대한 하나님의 환영을 보여준다. 거룩하신 하나님은 유대인과 이방인, 노예와 자유인의 경계를 넘어 죄인들에게 이렇게 말씀하셨다. "땅의 모든 끝이여 내게로 돌이켜 구원을 받으라"(사 45:22). 그러니 십자가에 시선을 집중하자. 우리는 그곳에서 사랑받는 것이 무엇인지, 하나님께 환영받는 것이 무엇인지 배울 수 있다. 그럴 때 우리도 다른 사람을 진정으로 사랑하고 환영하게 될 것이다.

그러므로 하나님이 그리스도 안에서 어떻게 우리를 그분의 식탁으로 환영하여 들이셨는지 다시 떠올려보라. 그리고 이렇게 질문하라. "내가 분열을 극복하도록 하나님의 영이 나를 이끌고 계시는가? 내 식탁으로 환영해야 할 사람은 누구인가?"

 야고보서 2장 1-13절

5월 20일
피할 수 없는 은혜

"우리는 그리스도 안에서 그의 은혜의 풍성함을 따라
그의 피로 말미암아 속량 곧 죄 사함을 받았느니라
이는 그가 모든 지혜와 총명을 우리에게 넘치게 하사"

(엡 1:7-8)

자기 백성을 위한 하나님의 은혜는 끝이 없고 한계가 없다. 이 진리를 알려면 그리스도의 십자가를 보아야 한다. 이 십자가에서 우리는 "그의 피로 말미암아 속량 곧 죄 사함"을 받았다.

출애굽기에서 하나님은 유월절을 제정하셨는데, 이는 값을 지불하고 산 자유의 모습을 보여준다. 하나님은 이스라엘 백성에게 가족을 위한 어린양을 잡아서 그 피를 문설주에 바르면 애굽 전역을 도는 죽음의 천사를 막을 수 있다고 하셨다. 그 말씀을 따른 신실한 가족들은 맏아들의 죽음이라는 하나님의 심판을 피할 수 있었다. 어린양이 대신 죽었기 때문이었다(출 12:3-13).

이스라엘 백성이 바로에게 노예로 잡혀 있었듯이, 우리 모두는 이 세상에서 죄와 죽음에 붙들려 있다. 거기에서 우리가 놓임을 받은 대가는 바로 그리스도의 피다. 그리스도께서는 모든 믿는 자를 위한 위대한 유월절 어린양으로서 대속을 완성하셨다. 그분의 피가 우리로 죽음에서 풀려나 영원한 생명에 들어가게 했다. 그리스도께서는 우리에게 그리스도인이 되는 법을 알려주거나 우리가 자신을 구원하기 위해 무엇을 해야 하는지 알려주러 오신 것이 아니다. 그분은 우리가 할 수 없는 일, 즉 우리를 구원하기 위해 오셨다. 그분은 우리 대신 행동하셨고 그 행동으로 우리에게 용서를 베푸셨다. 그 용서는 우리에게는 공짜였지만 하나님은 값비싼 대가를 치르셔야 했다. 우리는 하나님이 우리 죄를 그저 눈감아 주시기로 했다고 감히 생각해서는 안 된다. 그리스도께서 십자가 위에서 죽으심으로 우리가 받아야 할 벌을 대신 받으신 것이다. 하나님의 거룩하심은 죄의 대가를 지불할 것을 요구하며, 그분의 아들이 그 값을 치르셨다.

바울은 이 진리를 생각하며 이렇게 감격하여 외친다. "찬송하리로다 하나님 곧 우리 주 예수 그리스도의 아버지"이시여!(엡 1:3) 하나님의 은혜를 생각하면 우리는 늘 이렇게 찬양할 수밖에 없다. 또한 바울이 7-8절에서 사용한 표현에 주목하라. "그의 은혜의 풍성함을 따라… 우리에게 넘치게 하사." 하나님의 은혜는 폭포수와 같다. 압도적이다. 하나님은 그 은혜를 남김없이 자녀 각 사람의 머리에 부으셨으며, 영원히 부으실 것이다.

최고급 식당에서 막 식사를 마쳤는데 누군가 우리의 계산서를 집어 들더니 이렇게 말한다고 상상해보라. "제가 대신 지불하겠습니다." 우리가 감히 상상할 수 없을 만큼 엄청난 액수에 대해 하나님이 하신 말씀이 이것이다. 그분은 지불해야 할 값이 없다고 말씀하신 것이 아니라 이미 지불되었다고 말씀하신 것이다. 하나님의 은혜는 모든 한계를 뛰어넘는다. 눈으로 보거나 마음으로 이해할 수 있는 정도를 훨씬 능가한다. 전에 우리가 지은 죄가 아무리 커도 하나님이 용서하실 수 없는 죄는 없다. 우리는 우리 안에서 착한 일을 시작하신 분이 예수 그리스도의 날까지 이루실 줄을 확신할 수 있다(빌 1:6). 우리는 영원히 은혜 위의 은혜를 경험할 것이다.

> 이제껏 내가 산 것도 주님의 은혜라.
> 또 나를 장차 본향에 인도해 주시리.**37**

 호세아 3장

5월 21일
하나님 나라에 들어가기

"…진실로 진실로 네게 이르노니
사람이 물과 성령으로 나지 아니하면
하나님의 나라에 들어갈 수 없느니라"

(요 3:5)

복음서를 읽다 보면 예수님의 사역에서 많은 부분이 하나님 나라의 복음을 선포하는 것임을 알 수 있다. 예수님이 이 마을 저 마을 다니며 사람들에게 선포하신 내용은 핵심적으로 다음과 같다. "여기 한 나라가 있으며, 내가 그 왕이다. 너희들은 아직 그 나라에 속하지 않았다. 그러나 너희가 나를 따르면 너희는 그 왕의 백성이 되고 그 나라의 시민이 될 것이다."

따라서 "나라가 임하시오며"(눅 11:2)라고 기도할 때, 우리의 바람은 사람들이 새롭게 태어나 그리스도의 나라에 속하여 예수님의 헌신된 제자가 되는 것이어야 한다. 우리는 하나님이 그분을 거부하며 살아가는 사람들을 "흑암의 권세에서 건져내사 그의 사랑의 아들의 나라로 옮기"시길 기도한다(골 1:13). 그러나 예수님은 그분의 나라에 들어가는 유일한 방법은 새로 태어나는 것이라고 분명히 말씀하셨다.

요한복음 3장에서 예수님과 니고데모의 만남은 이 진리를 강조한다. 니고데모는 종교적인 사람이었고 권위와 영향력이 있는 사람이었지만 여전히 쉼 없이 진리를 추구했다. 예수님은 그와 대화를 나누시면서 그분의 나라를 '보는 것'과 그분의 나라에 '들어가는 것'의 필수적인 전제 조건은 성령으로 거듭나는 것이라고 지적하셨다. 이러한 새로운 탄생은 자연적으로 되지 않고 하나님의 영이 인간의 마음에서 기적을 일으킨 결과로 일어난다고 말씀하셨다.

하나님의 영이 그들 안에서 일하시지 않으면 누구도 그 나라에 들어갈 수 없고, 하나님의 영이 그들 안에서 일하시면 누구도 그 나라에 들어가지 못할 이 없다.

하나님의 나라가 임하기를 기도한다는 것은, 사람들의 눈과 귀가 열려서 다시 태어나게 해달라고 구하는 것이다. 그 왕은 그분의 영원한 나라를 시작하기 위해 오셨고, 오늘도 그분의 영을 통해 사람들이 그 나라로 들어오도록 일하신다. 우리는 사람들이 어떻게 그리스도의 왕국에 들어가는지 안다. 그러므로 우리의 왕이 다시 오시는 그날까지 우리가 경험한 회심을 날마다 더 경이롭게 여기며, 잃어버린 사람들의 마음에서 오직 성령님만이 하실 수 있는 일을 그분이 해주시기를 더욱 간절히 열망하자.

 요한복음 3장 1-15절

5월 22일
십자가에 못 박힌 소외

"그는 허물과 죄로 죽었던 너희를 살리셨도다
그 때에 너희는 그 가운데서 행하여…"
(엡 2:1-2)

다소 충격적으로 들릴 수도 있고 반박을 불러일으킬지도 모르겠지만, 성경은 구원받지 않은 사람을 걸어 다니는 시체로 비유한다. 예수 그리스도 밖에 있는 사람들은 그들의 허물과 죄로 '죽었다'고 말한다.

성경이 그리는 인간의 모습을 보면, 하나님 나라 밖의 삶이 어떤 모습일지 우리의 기대치가 매우 낮아진다. 교육은 아주 중요하다. 법률 제정도 분명 필요하다. 하지만 이런 것들은 전부 다 인간 마음의 기본적인 문제들을 다룰 수 없다. 세속적인 치료법들은 우리의 본래 상태가 "허물과 죄로 죽었던… 다른 이들과 같이 본질상 진노의 자녀"(엡 2:1, 3)라는 가장 심각한 문제를 말해줄 수 없기 때문이다.

그리스도 밖에 있는 인간의 특징인 '소외'는 무엇보다 수직적이다. 즉 하나님으로부터의 소외다. 그러나 그 파급 효과는 온 사방으로 퍼져나간다. 바울은 에베소 교회에 보낸 그의 편지에서 어떻게 이 수직적인 소외가 유대인과 이방인 사이의 수평적인 관계에 영향을 미치는지 설명한다(엡 2:11-12). 고대 세계에서 유대인과 이방인 사이에 깊이 자리 잡은 적대감은 다름 아닌 인간의 죄로 인해 발생했다. 유대인과 이방인은 둘 다 하나님으로부터 분리되어 있었고 이는 성전에 걸린 휘장으로 상징되었다. 또 그들 사이에 존재했던 눈에 보이지 않는 벽으로 인해 서로 분리되어 있었다(엡 2:14).

문제는 이러한 적대감은 계속해서 우리를 그리스도로부터 분리시킨다는 것이다. 우리가 공동체를 위해 애쓰고 사회의 진정한 변화와 이웃의 유익을 위해 애쓰는 것은 훌륭한 일이다(그리고 실제로 하나님은 자기 백성에게 그렇게 하라고 지시하신다. 참조. 렘 29:7). 그러나 이것이 그리스도인이 모든 에너지를 집중하고 궁극적으로 소망해야 하는 바는 아니다. 하나님은 오직 예수님 안에서만 그의 은혜로 모든 장벽이 무너진 사회를 만드셨고 지금도 만들고 계신다.

하나님은 "깨어진 세상을 재건하기 위한 유전자 청사진"**38**을 교회들에게 주셨다. 이런 청사진이 보이는 교회를 만날 때, 사람들은 하나님이 하시려는 일을 맛보게 될 것이다. 죄와 눈물과 슬픔이 더 이상 없고 새 하늘과 새 땅에서 하나님이 뜻하신 모든 것이 다 이루어질 그날의 일을 말이다.

그리스도 밖에 있다면 수직적이고 수평적인 소외가 불가피하다. 하지만 그리스도 안에서, 그분이 세우고 다스리시는 사회 안에서는 그러한 소외가 십자가에 못 박혔다. 죄의 실체를 심각하게 받아들인다면, 우리는 우리 교회가 은혜로 장벽이 무너지고 하나님의 미래 왕국의 청사진을 보여주는 곳이 되도록 최선을 다할 것이다. 그 나라가 완전히 임할 때까지 우리는 그 나라를 위해 일하면서 그 나라를 누리고 미리 맛볼 수 있다.

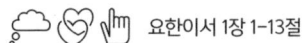 요한이서 1장 1–13절

5월 23일

보기를 원하나이다

"…소리 질러 이르되 다윗의 자손 예수여 나를 불쌍히 여기소서 하거늘
많은 사람이 꾸짖어 잠잠하라 하되
그가 더욱 크게 소리 질러 이르되
다윗의 자손이여 나를 불쌍히 여기소서 하는지라
예수께서 머물러 서서 그를 부르라 하시니…"(막 10:47-49)

유월절이 가까운 어느 날, 그 눈먼 사람의 주변에 많은 이들이 몰려들었다. 큰 기대감이 흘렀다. 군중 대부분은 멈출 새가 없었다. 적어도 성문에 늘 누워있던 그 거지를 위해 걸음을 멈추지는 않을 것이다. 그는 늘 그곳에 있었고 여리고 외곽에 있던 사람들에게도 잘 알려져 있었다. 많은 사람이 이 눈먼 바디매오를 자주 보아왔기에 전혀 그를 주목하지 않았다.

사람들은 예수님께 너무 열중하고 있었기 때문에 아마도 바디매오가 못마땅한 방해꾼으로 여겨졌을 것이다. 자비를 구하는 그의 외침에 그를 나무라며 강제로 조용히 시키려고 한 그들의 반응을 보면 알 수 있다. 그들은 이 가장 낮은 사회 구성원이 예수님이 하시려는 일에 어떤 도움도 안 된다고 생각한 것이 분명하다. 하지만 바디매오를 조용히 시키려던 그들이 오히려 예수님의 일을 방해하는 사람들이 되고 말았다. 그들은 스스로 예수님을 따르겠다고 우겼던 사람들이었다.

하지만 이 눈먼 바디매오는 예수님께 지대한 관심이 있었고, 계속해서 그분께 소리를 질렀다. 마가는 은혜의 두 단어인 "예수께서 머물러 서서"라는 짧은 설명으로 그리스도의 완벽한 자비를 보여준다. 그 눈먼 자를 꾸짖던 사람들에게 예수님이 "그를 부르라"고 하셨을 때 군중의 반응이 어땠을지 상상이 가는가? 분명 엄청난 당혹감이 밀려왔을 것이다!

우리 주변에도 기도로 씨름하는 사람이 있을 것이다. 비난하거나 무시하고 싶은 사람이 있을 것이다. 우리는 굳이 불편함을 감수하고 싶지 않을 수 있다. 누군가를 교회에 초대하고 그와 함께 앉아 먹고 그들의 삶에 개입하는 것은 정말 귀찮은 일 같다. 성가신 일이며 시간과 노력이 필요하다. 그래서 그냥 다른 사람에게 복음을 들었으면 좋겠다고 생각하기도 한다. 자기도 모르는 사이에 이런 생각에 빠져들기란 너무나 쉽다. 하지만 그렇게 할 때 우리는 본문에 나오는 군중과 같이 구원자를 찾는 사람을 막아서는 자가 된다. 예수님은 우리에게 말씀하신다. "그들을 꾸짖지 말고 그들을 부르라. 이것이 내가 온 이유다."

주님의 자비를 구하며 소리치는 사람들 때문에 우리 계획이 틀어지고 우리가 하고 싶은 일을 하지 못하게 되었다고 분개한 적 있다면 하나님께 고백하고 회개해야 한다. 물론 그리스도만이 눈먼 자의 눈을 뜨게 하신다. 하지만 그분은 우리에게 이렇게 말하라는 책임과 특권을 주셨다. "안심하고 일어나라 그가 너를 부르신다"(막 10:49).

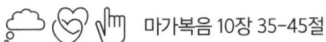 마가복음 10장 35-45절

5월 24일

너희 염려를 다 맡기라

"그러므로 하나님의 능하신 손 아래에서 겸손하라
때가 되면 너희를 높이시리라
너희 염려를 다 주께 맡기라
이는 그가 너희를 돌보심이라"

(벧전 5:6-7)

걱정은 전혀 예상치 못할 때 슬금슬금 올라와서 우리를 재빨리 압도해버린다. 우리가 환영하든 말든 우리 삶에 영원히 들어와 앉을 수도 있다. 걱정을 경험하지 않는 사람은 거의 없다. 다양한 모습으로 나타나 다양한 상황을 일으키는 걱정은 놀라울 정도로 누구나 겪는 문제다.

걱정이 들면 우리는 종종 이렇게 생각하며 무시하려고 한다. '음악을 좀 듣자. 드라이브나 할까? 한 바퀴 뛰고 오지 뭐. 무언가를 하자⋯. 그냥 도망가자!'

하지만 오늘 본문에서 베드로는 걱정을 부인하거나 무시하거나 도망치라고 말하지 않는다. "염려를 다 주께 맡기라"고 한다. 여기서 '맡기다'라는 헬라어는 결정적이고 적극적인 행동을 나타내는 동사다. 쓰레기봉투를 내던지는 것 같은 행동을 표현할 때 쓸 수 있는 말이다. 우리는 쓰레기를 버리는 데 엄청난 노력을 기울이지 않는다. 그저 집에서 통에 던져버린다. 마찬가지로 염려의 짐에 짓눌려 하루하루를 버티지 말고 주님께 휙 던져버리면 된다.

이를 위해서는 우리의 자존심을 버려야 한다. 즉 환경을 조종하고 이겨보려는 욕구를 버려야 한다. 우리는 겸손해질 때 염려를 하나님께 맡길 수 있다. 겸손하면 염려가 사라진다. 많은 걱정을 하며 우리 손으로 문제를 해결하려고 한다면 겸손이 없다는 표시다. 하늘 아버지보다 자기 자신에게 더 관심이 있다는 뜻이다. 가야 할 길을 하나님께 맡기기보다 스스로 찾아가겠다고 결심한 것이다.

우리를 걱정하게 하는 환경은 늘 있다. 베드로는 걱정스러운 특정 상황을 언급하기보다 환경으로 인해 야기되는 걱정에 대해 말한다. 우리는 걱정 그 자체를 주님께 맡겨야 한다. 그것이 성경이 우리에게 하라고 명령하는 것이다. 우리는 하나님의 손아래 자신을 낮추고 이렇게 말씀드려야 한다. "나의 아버지가 최선을 아신다. 그분은 나보다 나를 더 잘 돌보신다." 걱정이 우리를 짓누를 때, 우리는 주님이 우리를 도우신다는 사실을 되새기면서 걱정을 짊어지려는 태도를 거부할 수 있다.

우리는 어쩌면 내일 또 어떻게 살아가야 할지 걱정하며 오늘도 고군분투했을지 모른다. 침대 옆에 무릎을 꿇고 "하나님, 이 짐을 지고는 살아갈 수 없습니다. 이 짐을 받아주세요. 당신께 드립니다"라고 말해본 지 오래되었을지도 모른다. 만일 그렇다면 더는 지체하지 말라. 하늘 아버지의 사랑의 팔에 염려를 맡기고 그분이 주시는 자유와 평화를 누리라. 오직 그분만이 우리의 짐을 지실 수 있는 유일한 분이시다.

 누가복음 12장 22-34절

5월 25일
죽음을 준비하기

"…주께서 여기 계셨더라면 내 오라버니가 죽지 아니하였겠나이다…
예수께서 이르시되 네 오라비가 다시 살아나리라
마르다가 이르되 마지막 날 부활 때에는 다시 살아날 줄을 내가 아나이다
예수께서 이르시되 나는 부활이요 생명이니 나를 믿는 자는 죽어도 살겠고
무릇 살아서 나를 믿는 자는 영원히 죽지 아니하리니 이것을 네가 믿느냐"(요 11:21-26)

오늘 나의 하루가 어떨지 아는 사람은 아무도 없다. 사실 우리는 모두 어느 정도 불확실한 상태에서 살아간다. 우리가 만나게 될 모든 시련에 준비되어 있을 수는 없다. 많은 사람이 지적하듯이 삶에서 유일하게 확실한 것은 언젠가는 삶이 끝난다는 사실이다. 우리는 깨어진 세상에서 살고 있기에 "죄의 삯은 사망"(롬 6:23)임을 안다. 따라서 죽음은 우리가 준비해야 할 하나의 현실이다.

예수님의 말씀에 세심하게 주의를 기울이지 않으면서 죽음을 진지하게 대비하기란 불가능하다. 그러므로 친구 나사로가 죽었을 때 예수님이 하신 말씀을 살펴보면서 진지한 대비를 시작해 보자.

나사로의 여동생들은 오빠에게 일어난 일을 크게 슬퍼하고 있었다. 그런데 예수님은 그들에게 나사로가 다시 살아날 거라고 말씀하셨다. 마르다는 이 말씀이 무슨 의미인지 다 이해하지 못한 채 이렇게 말했다. "마지막 날 부활 때에는 다시 살아날 줄을 내가 아나이다." 이때 예수님은 "나는 부활이요 생명이니"라고 말씀하시며 대화를 한 단계 더 깊게 끌고가신다.

그리고 마르다에게 다음과 같이 도전하신다. "이것을 네가 믿느냐?"

이 질문에 어떻게 대답하느냐에 따라 우리가 사는 방식과 죽음을 대하는 방식 모두가 달라진다. 예수님은 죽음을 정복하셨을 뿐 아니라 우리가 죽음

을 정복할 길을 내셨다. 우리의 육체는 죽을지라도, 예수님이 부활이요 생명임을 믿는다면 죽음은 그저 삶의 한 영역에서 다른 영역으로 옮겨가는 과정이 된다.

신자들이 마주하는 한 가지 도전은, 임박한 죽음을 단순히 우리만 준비하는 것이 아니라 다른 사람이 어떻게 직면하도록 도울지 배우는 것이다. 처한 상황이 어떠하든 우리는 예수님의 말씀에서 사랑이 넘치는 조언을 얻는다. 우리는 영원이 실재한다는 것과 그것을 예수님 안에서 찾을 수 있다는 소망을 설명하면서 성경적이고 정직하게 말해야 한다. 우리의 말은 그리스도께서 하신 말씀을 반영하는 것이어야 하며, 퉁명스럽거나 냉정하지 않고 지혜와 은혜가 넘쳐야 한다.

어떻게 죽느냐의 문제가 해결되지 않는 한 어떻게 살지도 알 수 없다. 내일은 누구에게도 보장되어 있지 않다. 하지만 영원한 삶은, 부활이요 생명이신 분을 따르는 모든 자에게 보장되어 있다. 우리는 두려움과 불확실함이 아닌 침착함과 확신에 차서 죽음의 날을 맞이하도록 우리 자신과 친구들, 그리고 사랑하는 이들을 준비시킬 수 있다. 이는 "나는 부활이요 생명이니 나를 믿는 자는 죽어도 살겠고 무릇 살아서 나를 믿는 자는 영원히 죽지 아니하리니"라는 말씀을 든든히 붙들 때 가능하다. 그렇다. 우리는 이것을 믿는다.

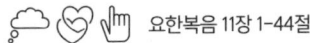 요한복음 11장 1-44절

5월 26일
불변하는 하나님의 말씀

"아브라함은 시험을 받을 때에 믿음으로 이삭을 드렸으니
그는 약속들을 받은 자로되 그 외아들을 드렸느니라
그에게 이미 말씀하시기를
네 자손이라 칭할 자는 이삭으로 말미암으리라 하셨으니"

(히 11:17-18)

인생은 때로 버겁게 느껴질 수 있다. 이전의 어려움이 해결되지 않았는데 매일 또 새로운 도전이 찾아온다. 우리에게 닥친 상황이 이해되지 않으면 우리의 믿음도 흔들릴 수 있다. 믿음의 바통을 받아서 뛰다가 땅바닥에 내던지고는 "난 끝났어. 더 이상 못 뛰어"라고 말하는 것이다. 이런 순간에 하나님의 말씀은 '기독교 신앙이란 끝까지 인내하는 믿음인 것을 기억하라'고 격려한다. 모든 것이 그분의 약속과 정반대인 듯한 상황에서도 하나님의 명령에 순종하는 것이 가능하다.

십자가 사건이 있기 전까지 성경에서 아브라함만큼 큰 도전을 받았던 사람은 없었을 것이다. 그 도전은 전적으로 하나님이 하신 것이었다. "여호와께서 이르시되 네 아들 네 사랑하는 독자 이삭을 데리고 모리아 땅으로 가서 내가 네게 일러 준 한 산 거기서 그를 번제로 드리라… 하나님이 그에게 일러주신 곳에 이른지라 이에 아브라함이 그 곳에 제단을 쌓고 나무를 벌여 놓고 그의 아들 이삭을 결박하여 제단 나무 위에 놓고 손을 내밀어 칼을 잡고 그 아들을 잡으려 하니"(창 22:2, 9-10).

하나님이 아브라함에게 하신 명령은 명확했다. 그러나 그 명령은 아브라함의 자손을 통해 "천하 만민이 복을" 받을 것이고 "이삭에게서 나는 자라야 네 씨라 부를 것"이라는 하나님의 약속과 모순되었다(창 22:18; 21:12). 하나님의

약속의 성취는 이삭의 생존 여부에 달려 있었다. 그런데 이삭이 죽어야 한다니 어떻게 그 약속이 성취될 수 있겠는가?

하지만 아브라함은 순종했다. 그의 환경이 하나님의 말씀을 의심하고 질문하게 했지만 아브라함은 믿음으로 이렇게 생각했다. '하나님은 이 일에 계획이 있으실 거야. 그분의 약속은 이삭을 통해 이 땅의 모든 민족이 복을 받는 것이지. 그러니 하나님은 반드시 그를 다시 살리실 거야. 그를 죽은 자 가운데서 일으켜 세우실 거야'(참조. 히 11:19). 이런 이유로 아브라함은 명령받은 대로 제사 드리러 길을 떠나면서 종들에게 이렇게 말할 수 있었다. "너희는 나귀와 함께 여기서 기다리라 내가 **아이와 함께** 저기 가서 예배하고 **우리가 너희에게로 돌아오리라**"(창 22:5, 강조는 저자 추가). 얼마나 큰 믿음의 표현인가! 이 점을 놓치지 말라. 아브라함은 하나님의 명령을 받았을 때 순종했다. 그 명령은 하나님이 하신 약속과 모순되어 보였지만, 그럼에도 아브라함은 자신이 해야 할 일을 하면서 하나님이 그분의 일을 하시게 하겠다고 결심했다.

우리도 그렇게 할 수 있다. 환경이 우리를 아무리 겁먹게 하더라도 불순종하거나 하나님의 약속에 의문을 제기하지 말자. 아브라함과 이삭이 그 산에 올라갔다 내려오고 수 세기 후에, 하나님의 아들이 바로 그 산에서 무덤에 들어갔다가 다시 살아나셨다. 하나님이 당신의 약속을 지키신다는 진리를 궁극적으로 증명하신 것이다. 그러므로 오늘 어떤 상황에 있든지 확신과 소망을 품고 기도하며 이렇게 고백하라. "저는 계속 갈 수 있습니다. 전 아직 끝나지 않았습니다. 하나님이 하나님의 일을 하실 것이니 저도 제 일을 하겠습니다."

 창세기 22장 1-19절

5월 27일
영적 게으름에 맞서기

"네가 좀더 자자, 좀더 졸자,
손을 모으고 좀더 누워 있자 하니
네 빈궁이 강도 같이 오며
네 곤핍이 군사 같이 이르리라"

(잠 24:33-34)

재능은 조금 부족하지만 성실을 무기로 더 큰 능력을 가진 사람들보다 약진하는 이들을 종종 본다. 그런 사람들은 게으름을 심각하게 여기고 그 유혹을 극복하기 위해 해야 할 일을 기꺼이 하려고 한다. 아마도 우리는 그런 사람 중 한 명이거나 그런 사람이 되고 싶어서 애쓰는 사람일 것이다.

하지만 솔직히 영적인 삶에서는 이와 같은 성실함이 부족한 경우가 많다. 영적인 게으름에 맞서려면 일종의 평가가 필요하다. 자신이 어떻게 생활하고 있는지 알려주는 지표가 있는가? 과거를 돌아볼 때 발전이 있는가? 최근에 성경을 암송한 적이 있는가? 여가 시간에 말씀을 읽거나 묵상하거나 기도하는가? 아니면 게으름 때문에 가장 좋은 일보다는 그저 쉬운 일을 하고, 그래서 우리 마음에 하나님의 말씀을 쌓는 일을 하지 못했는가? 그리스도인의 섬김에 참여하라는 요청을 받았을 때는 어떻게 반응하는가? 직접적으로 거절하지는 않았다고 해도 주저하는 모습을 보였다면 위험하다는 신호다. 설교 시간에 하나님 말씀을 들을 때는 어떤가? 집에 와서도 그 말씀대로 실천하며 삶의 변화를 위해 애쓰는가? 말씀을 듣기만 하지 않고 행동으로 옮기는가?(약 1:22)

이런 질문을 자신에게 던질 때 우리는 영적으로 긴장하게 되어 천천히 스며드는 게으름(아침 예배 대신 침대에 누워 있고, 기도 모임보다는 방에서 뒹굴고, 예수님에 대한 대화보다는 스포츠 이야기를 하는 것)을 피할 수 있다. 이런 게으름은 영적인 가난으로 이어진다.

영적인 일과 선한 의도들을 행동으로 옮기지 못하는 것에 전문가가 되지 말자. 우리가 "문짝이 돌쩌귀를 따라서 도는 것 같이"(잠 26:14) 침대에서 뒹구는 동안, 시작된 모든 계획과 회개의 말들과 도움을 구하는 간구들은 우리 마음 안에서 죽어갈 때가 많다. 이런 행동을 벗어나 그리스도께로 피하라. 우리의 마음을 살아나게 하셔서 행동하는 사람이 되게 해달라고 그분께 구하라.

하나님께 쓰임 받는 사람이 되고 싶은가? 변화를 만들고 싶은가? 온갖 어려움과 공허함으로 삶의 바다를 표류하는 사람들을 찾아가, 하나님이 그들로 교회를 세우시는 데 쓰임 받는 도구가 되고 싶은가? 게으름을 허용하여 영혼을 방치하지 말라. 하나님과의 관계에서 부지런하지 않고서는 삶에서 진정한 열매를 거둘 수가 없다. '내일'은 사탄이 가장 좋아하는 단어다. "보라 **지금**은 은혜 받을 만한 때요 보라 **지금**은 구원의 날이로다"(고후 6:2, 강조는 저자 추가). 지금 하나님께 쓰임 받으라.

 잠언 24장 27-34절

5월 28일
불화와 분열

"사랑하는 자들아
너희는 우리 주 예수 그리스도의 사도들이 미리 한 말을 기억하라
그들이 너희에게 말하기를 마지막 때에 자기의 경건하지 않은 정욕대로 행하며
조롱하는 자들이 있으리라 하였나니
이 사람들은 분열을 일으키는 자며 육에 속한 자며 성령이 없는 자니라"(유 1:17-19)

분열을 일삼는 사람들이 단지 1세기 교회에만 있었던 것은 아니다. 그들은 교회 역사 내내 존재하며 번성했다. 따라서 본문에서 유다의 가르침은 그가 처음 편지를 쓴 신자들뿐 아니라 오늘날 우리에게도 실제적이다.

초대교회에서 분열을 일으켰던 사람들은 도덕적 오류와 교리적 오류가 뒤섞인 아주 해로운 생각을 갖고 있었다. 그들에게는 성령님이 없었고 그들은 감각적인 즐거움을 부추겼으며 "그 정욕대로 행하는 자"(유 1:16)들이었다. 그들은 몰래 하나님의 사람들 사이에 들어와 있었는데 유다는 그들을 "암초"(유 1:12)라고 묘사했다. 암초는 보이지 않게 수면 밑에 잠겨 있지만, 배가 그 위를 지나가면 큰 피해를 줄 수 있고 사실상 배를 가라앉게 할 수도 있다.

이런 사기꾼들에 대항하기 위해 유다는 동료 신자들에게 "사도들이 미리 한 말을 기억하라"고 강조했다. 사도들은 "마지막 때", 즉 주님의 승천과 재림 사이의 기간에 "자기의 경건하지 않은 정욕대로 행하며" 그리스도와 그의 택한 사도들의 가르침을 "조롱하는 자들"이 있을 것이라고 경고했다. 하나님의 섭리 안에서 초대교회는 이런 식으로 분열을 조장하는 사람들에게 휘둘리지 않도록 미리 경고를 받았다. 사실 우리도 그렇다.

하지만 하나님 말씀은 단순히 분열과 불화를 조장하는 사람들을 조심하라는 데 그치지 않는다. 하나님 말씀은 또한 진실한 의심을 가지고 씨름하는 사

람들을 자비롭게 대하라고 이끈다. 우리는 거짓 교사들의 가르침과 목표에 저항하면서도, "어떤 의심하는 자들을 긍휼히 여기고" 그들을 오류와 죄의 "불에서 끌어내어 구원"해야 한다(유 1:22-23). 이런 균형을 맞추기란 여간 어렵지 않다! 그러나 유다는 이런 권고를 피하지 않는다. 자신의 믿음과 교리를 확고히 붙들고 있는 신자들은, 온유한 심령으로 타락한 자들의 회복을 돕고 불을 가지고 노는 사람들의 삶에 개입하라는 요청을 받는다(참조. 갈 6:1).

하나님이 우리를 구원하고 지키셨기 때문에 우리는 위험 경고에 깨어 있어야 한다. 또한 담대하지만 부드럽게 다른 사람들을 그 불길에서 끄집어내야 한다. 오류를 분별하고, 하나님의 교회를 분열시키려는 사람들을 막을 수 있도록 기도하며, 하나님의 사랑 안에서 자신을 지켜야 한다(유 1:20-21). 그럴 때 우리는 유다처럼 믿음의 형제자매와 함께 이렇게 말할 수 있다. "우리 구주 홀로 하나이신 하나님께 우리 주 예수 그리스도로 말미암아 영광과 위엄과 권력과 권세가 영원 전부터 이제와 영원토록 있을지어다 아멘"(유 1:25).

 유다서 1장 1-25절

5월 29일
십자가의 의미

"곧 이 때에 자기의 의로우심을 나타내사
자기도 의로우시며
또한 예수 믿는 자를 의롭다 하려 하심이라"
(롬 3:26)

그리스도의 십자가 죽음이 없다면 복음도 없다. 하나님이 죄인인 인간과 교제하실 수 있는 것은 예수님의 희생을 통해서다. 하나님을 알고 싶다면 주 예수 그리스도 안에서 그분을 만나야 한다.

오직 십자가를 통해 하나님은 죄를 벌하시는 정의와 죄를 용서하시는 자비를 둘 다 보여주신다. 그리고 십자가를 통해 우리 같은 죄인이 천국의 거룩함을 손상하지 않으면서 그곳에 들어갈 길을 여셨다. 십자가는 죄 자체와 죄에 대한 그분의 진노, 그 두 가지 모두에 대한 하나님의 답이다. 믿지 않는 사람들에게 하나님의 대답은 전적으로 어리석어 보이지만, 믿는 자들은 그 십자가가 하나님의 능력이 된다는 것을 안다(고전 1:18).

하나님이 단순히 죄를 못 본 척하시거나 죄에 대한 분노를 멈추셨다면, 하나님은 더 이상 하나님이 되실 수 없었을 것이다. 하나님의 정의는 그분의 성품 안에 내재해 있고, 정의는 죄의 처벌을 요구하기 때문이다. 그분은 악을 못 본 척하실 수가 없다. 죄인인 우리가 소스라치게 놀라야 할 소식이다.

그리스도의 십자가는 하나님이 공의를 행하시는 동시에, 이 십자가에 못 박히신 구세주를 믿는 죄인에게 죄 없다고 선포하실 수 있는 유일한 방법이다. 죄 문제를 다루시기 위해 하나님은 그분의 자비로 자기 아들을 보내셔서 죄인들이 받아야 할 벌을 대신 받게 하셨다. 우리의 구원은 이러한 대속에 의한 것이다. 이것을 깊이 생각해보라. 하나님이 이 계획을 세우셨을 뿐 아니라, 직접 그 일을 행하셨다니 참으로 놀랍지 않은가! 십자가를 생각하면 언제나 경외감으로 겸손한 찬양을 드릴 수밖에 없다.

이 대속은 모든 구약의 희생 제사들이 예수님을 가리키는 이유다. 그리스도의 죽음 안에서 죄를 향한 하나님의 의로운 성향인 하나님의 진노가 해소되고, 우리를 향한 그분의 사랑이 극대화된다. 예수님을 믿으러 나오는 자들은 더 이상 그분의 진노를 직면하지 않아도 된다. 그 대신 우리는 십자가에서 드러난 사랑을 기뻐하도록 초대받았다. 사실, 복음의 모든 유익과 복은 예수님이 삶과 죽음과 부활을 통해 성취하신 일의 결과로 우리의 것이 되었다.

예수님은 죄에 대한 하나님의 모든 정죄를 담당하기 위해 오셨다. 그리스도께서 우리 자리에 서셨을 때, 그분은 우리가 마땅히 받아야 할 심판을 십자가에서 대신 받으셨다. 그래서 우리는 하나님의 보좌 앞에 서서 이렇게 말할 수 있다. "저는 그분과 함께 있습니다. 그분은 제가 살 수 없었던 삶을 사셨습니다. 그분이 저 대신 죽으셨습니다."

요한은 그의 첫 번째 편지에서 우리 마음이 우리를 책망한다고 말한다(요일 3:20). 이는 모든 인류가 공통적으로 하는 경험이지만, 그리스도인은 그 정죄하는 목소리를 잠재우기 위해 자기 양심을 무디게 하거나 그 목소리에 무너지지 않아도 된다. 하나님의 사랑이 훨씬 더 깊기에 우리는 우리 죄의 깊이에 대해 정직할 수 있다. "그러므로 이제 그리스도 예수 안에 있는 자에게는 결코 정죄함이 없나니"(롬 8:1). 예수님은 십자가에서 우리를 만나기 위해 오셨다. 용서받은 죄인으로서 그곳에서 그분을 만나고 기뻐하겠는가?

 누가복음 15장 11-32절

5월 30일

약속된 공급

"예수께서 이르시되 얘들아 너희에게 고기가 있느냐
대답하되 없나이다
이르시되 그물을 배 오른편에 던지라 그리하면 잡으리라 하시니
이에 던졌더니 물고기가 많아 그물을 들 수 없더라"

(요 21:5-6)

우리는 예수님께 무엇을 들고 나가는가? 오직 우리의 필요다.

요한복음 21장에서 예수님의 부활 후 제자들이 다시 물고기를 잡는 장면은 이전에 누가복음 5장에서 제자들이 갈릴리 바다에서 물고기를 잡던 장면을 연상시킨다. 두 이야기에서 제자들은 전문적인 어부인데도 불구하고 물고기를 하나도 잡지 못했다. 그리고 두 경우 모두 예수님이 나타나셔서 그들에게 엄청난 양의 물고기를 잡게 하셨다. 첫 번째 만남은 그들에게 사람을 낚는 어부가 되도록 가르치기 위한 것이었고, 두 번째 만남은 하나님 나라에 사람을 더하는 일을 그들이 계속하도록 일깨우기 위한 것이었다. 두 기적 모두 제자들이 하나님의 능력으로만 성공할 수 있었음을 보여준다. 그들이 엄청난 양의 물고기를 잡았을 때나 아무것도 잡지 못했을 때나 갈릴리 바다를 다스리는 분은 예수님이셨다. 예수님은 그들의 충만함을 다스리셨듯이 그들의 공허함도 다스리셨다. 그리스도께서는 우리가 그분의 공급하심에 깜짝 놀라도록 우리 자신의 궁핍을 보기 원하신다. 자신의 공허함을 온전히 인식할 때 우리는 하나님이 그것도 주관하고 계심을 신뢰할 수 있다. 그분은 우리 삶의 모든 공허함이 그분의 선하심과 능력으로 채워지도록 우리를 초청하신다.

예수님이 제자들에게 물고기를 얼마나 잡았냐고 물어보신 것은, 그들이 자신의 궁핍한 상황을 직면하고 정직하게 대답하게 하기 위해서였다. 그리스도

께서는 오늘 우리의 공허함에 대해서도 질문하신다. 그분은 변명이나 대화나 논쟁을 바라지 않으신다. 그분은 우리가 자신의 필요를 정직하게 인식하기를 바라신다. 제자들의 상태는 우리의 상태를 그대로 보여준다. 우리는 주님의 도움이 없이는 능숙하게 하던 일조차도 할 수 없다. 가능하게 하시는 하나님의 은혜가 없이는 말하거나 듣거나 노래하거나 글을 쓰거나 일하거나 놀 수도 없다. 예수님이 앞서 요한복음에서 "나를 떠나서는 너희가 아무것도 할 수 없음이라"(요 15:5)고 하신 그대로다.

예수님은 제자들을 그들의 궁핍함 속에 내버려두지 않으셨는데, 그들이 그럭저럭 지낼 정도만 공급하신 것이 아니라 엄청난 양을 넘치도록 공급하셨다. 이러한 공급은 예수님이 그분을 믿는 모든 자에게 영원한 생명을 약속하심으로써 어떻게 우리의 요구나 상상 이상으로 측량할 수 없을 만큼 계속 공급하시는지 보여준다. 그리스도께서 그의 영으로 우리 삶에 들어오실 때, 그분은 그저 찔끔찔끔 물을 주시지 않는다. 그분은 우리 마음에서 생수의 강이 흘러나오게 하겠다고 약속하신다(요 7:38). 예수님은 더 나아가 제자들에게 육지에 올라와 함께 식사를 하자고 초청하셨다(요 21:9-10). 이처럼 그분은 우리의 배고픔을 채워주기 위해 우리를 그분의 식탁으로 초청하신다. 그리고 우리를 마중 나오셔서 우리가 그 길을 충분히 가도록 힘을 주신다.

예수님은 이렇게 말씀하셨다. "의에 주리고 목마른 자는 복이 있나니 그들이 배부를 것임이요"(마 5:6). 오늘, 자신의 필요를 가지고 그분께 나오라. 자신의 결핍에 정직하라. 그분이 우리가 필요로 하는 것보다 훨씬 더 많이 주셔서, 우리가 천국 본향을 향해 걸어가고 그의 영광스러운 목적에 참여하여 섬기게 하실 것을 신뢰하라.

 요한복음 21장 1-14절

5월 31일
우리는 결코 옮겨가지 않는다

"전에 악한 행실로 멀리 떠나 마음으로 원수가 되었던 너희를 이제는 그의 육체의 죽음으로 말미암아 화목하게 하사 너희를 거룩하고 흠 없고 책망할 것이 없는 자로 그 앞에 세우고자 하셨으니 만일 너희가 믿음에 거하고 터 위에 굳게 서서 너희 들은 바 복음의 소망에서 흔들리지 아니하면 그리하리라 이 복음은 천하 만민에게 전파된 바요…" (골 1:21-23)

인간은 대체로 선하다고들 믿는다.

그러나 신문만 봐도 우리는 이런 개념에 의문을 제기하게 된다. 그리고 언젠가는 우리 자신이 속한 모임에서도 그런 주장이 무색해지는 경험을 할지도 모른다. 우리가 정말로 정직하다면, 우리가 얼마나 제멋대로이며 통제 불능인지 인정할 수밖에 없다. 이 문제에 대한 대중적인 해결책(더 많이 교육한다거나 사회적 환경을 변화시키는 등)으로는 절대 이 일을 바로잡지 못할 것이다. 인류는 계속해서 혼란스러워하고 있다.

성경으로 돌아올 때, 우리는 자신에 대한 불편한 진실을 마주한다. 우리가 주변 사람에게서 소외감을 느끼거나 때때로 나 자신에게서 소외감을 느끼는 이유는, 우리가 하나님에게서 소외되어 있기 때문이다. 우리의 수평적인 소외는 훨씬 더 심각한 수직적인 소외를 보여주는 표지다. 하나님이 우리를 만드셨기 때문에 우리는 그분과 관계를 맺고 있어야 하는데, 우리 마음이 그분으로부터 돌아섰다. 우리는 그분을 생각하지 않으며, 그분을 사랑하지 않는다. 그분을 찾지도 않는다.

그러나 좋은 소식이 있다. 그리스도를 따르는 자들인 우리는, 전에는 쇠약했지만 이제는 새로워졌다. 전에는 소외되었지만 지금은 화해를 얻었다. 전에는 어두운 곳에 거했지만 이제는 빛으로 옮겨졌다. 전에는 갇힌 자였지만 지금은 해방되었다. 전에는 죽은 자였지만 지금은 그리스도와 함께 살아났다. 하나님이 말씀을 통해 자신을 드러내실 때 하나님을 아는 자들이 경험하는 것이 바로 이것이다.

이러한 변화는 단순히 삶을 바꾼 결과가 아니다. 어느 시점에서 대부분의 사람은 이렇게 생각할 것이다. '나는 새로운 계기로 변화하고 있어. 작년보다 올해 더 감사하게 될 거야.' 좋다! 잘못된 생각은 아니다. 친구들과 가족이 들으면 정말 기뻐할 것이다. 하지만 그것이 그리스도인의 유일한 궁극적인 목적은 아니다. 오히려 그리스도인의 삶의 변화는 하나님의 구원하시는 은혜에 의해 동기 부여가 되고 시작된다. 은혜로 시작해서 은혜로 계속 간다.

복음의 좋은 소식은 나사렛 예수님이 우리를 위해, 우리의 소외를 끝내기 위해 오셨다는 사실이다. 그분이, 오직 그분만이 우리에게 가장 필요하지만 우리 스스로 할 수 없던 그 일을 행하셨다. 그러므로 우리를 향한 부르심은 간단하다. "믿음에 거하고… 복음의 소망에서 흔들리지" 말라.

그리스도께서 십자가에 못 박히셨고 다시 살아나셔서 다스리신다는 이 단순한 복음에서 옮겨갈 필요가 없다. 사실 감히 옮겨갈 수도 없다. 그런데도 우리는 이런 진리에 점점 냉담해지기가 얼마나 쉬운가! 복음을 경멸하지는 않더라도 점점 익숙해지다 보면 아무런 감흥이 없어지기 마련이다. 그러므로 자신의 마음을 정직하게 들여다보라. 죄를 인정하라. "나의 하나님이 나를 위해 죽으셔야 했다"³⁹는 사실에 감격하며 다시 한번 복음으로 돌아오라.

 시편 32편

" 5월 한 달간 말씀과 동행한 기록을 남겨주세요. "

주

1. Eric J. Alexander, "The Basis of Christian Salvation" (설교, 1984).
2. Augustus Toplady, "Rock of Ages" (1776); 오거스터스 토플레디, 찬송가 494장 "만세 반석 열리니."
3. The Westminster Confession of Faith 8.2; 웨스트민스터 신앙고백 8.2.
4. *The Screwtape Letters* (1942; HarperCollins, 2001), p 44; C. S. 루이스, 『스크루테이프의 편지』, 김선형 역, 홍성사.
5. 미상(Robert Keene일 수 있다), "How Firm a Foundation" (1787).
6. Phyllis Thompson, *Climbing on Track: A Biography of Fred Mitchell* (China Inland Mission, 1953), p 12.
7. William E. Littlewood, "There Is No Love Like the Love of Jesus" (1857).
8. C. H. Spurgeon, *Feathers for Arrow: or, Illustrations for Preachers and Teachers, from My Note Book* (Passmore & Alabaster, 1870), p 171.
9. Jonathan Edwards, "A Treatise Concerning Religious Affections, in Three Parts," in *The Works of Jonathan Edwards*, Sereno Dwight 편집, Edward Hickman 엮음 및 개정 (1834; reprinted Banner of Truth, 1979), 1:276.
10. Sarah Pierpont Edwards to Esther Burr, April 3, 1758, in *Memories of Jonathan Edwards* by Sereno Dwight, in Edwards, *Works*, 1:clxxix.
11. William W. How, "It Is a Thing Most Wonderful" (1872).
12. Thomas O. Chisholm, "Great Is Thy Faithfulness" (1923); 토머스 치숌, 찬송가 393장 "오 신실하신 주" (인용된 가사는 역자 직역).
13. The Westminster Confession of Faith 13.2; 웨스트민스터 신앙고백 13.2.
14. Eliza E. Hewitt, "More about Jesus" (1887); 엘리자 히윗, 찬송가 453장 "예수 더 알기 원하네" (인용된 가사는 역자 직역).
15. John H. Sammis, "Trust and Obey" (1887); 존 사미스, 찬송가 499장 "예수 따라가며" (인용된 가사는 역자 직역).
16. Jeremy Taylor, "Consideration upon the Circumcision of the Holy Childe Jesus," in *The Great Exemplar of Sanctity and Holy Life According to the Christian Institution, Described in the History of the Life and Death of the Ever Blessed Jesus Christ, the Saviour of the World* (1649), p 61.
17. John Calvin, *The Gospel According to St John 11-21 and The First Epistle of John*, T. H. L. Parker 번역, David W. Torrance와 Thomas F. Torrance 편집, Calvin's New Testament Commentaries (Eerdmans, 1994), p 156.
18. Albert B. Simpson, "What Will You Do with Jesus?" (1905).

19　William R. Newell, "At Calvary" (1895).

20　Isaac Watts, "Alas! and Did My Savior Bleed?" (1707); 아이작 왓츠, 찬송가 143장 "웬말인가 날 위하여" (인용된 가사는 역자 직역).

21　George Swinnock, "The Christian Man's Calling," in *The Works of George Swinnock, M. A.* (James Nichol, 1868), Vol.1, p 194.

22　W. G. Ovens, "Wonded for Me" (1931).

23　A. W. Pink, *The Life of Elijah* (Banner of Truth, 1963), p 201; 아더 핑크, 『핑크, 엘리야를 논하다』, 김광남 옮김, 엔크리스토.

24　William Shakespeare, *The Merchant of Venice*, Act 4, Scene 1; 윌리엄 셰익스피어, 『베니스의 상인』 4막 1장.

25　Charles Wesley, "Christ the Lord Is Risen Today" (1739); 찰스 웨슬리, 찬송가 164장 "예수 부활했으니."

26　John Newton, "Come, My Soul, Thy Suit Prepare" (1779).

27　Anne R. Cousin, "The Sands of Time Are Sinking" (1857).

28　George Lawson, *Lectures on the History of Joseph* (Banner of Truth, 1972), p 5.

29　Cecil Frances Alexander, "There Is a Green Hill Far Away" (1848); 세실 알렉산더, 찬송가 146장 "저 멀리 푸른 언덕에" (인용된 가사는 역자 직역).

30　Bob Dylan, "Gotta Serve Somebody" (1979).

31　C. S. Lewis, "The Weight of Glory," in *The Weight of Glory and Other Address* (Harper Collins, 2001), p 26.

32　Rico Tice, *Faithful Leaders and the Things That Matter Most* (The Good Book Company, 2021), p 83; 리코 타이스, 『교회를 섬기는 당신에게』, 황영광 역, 생명의말씀사.

33　William Cowper, "God Moves in a Mysterious Way" (1774).

34　Alec Motyer, *A Scenic Route Through the Old Testament*, 2nd ed. (IVP UK, 2016), ch. 3.

35　John Keble, "New Every Morning Is the Love" (1822).

36　Edward Mote, "My Hope Is Built on Nothing Less" (1834); 에드워드 모트, 찬송가 488장 "이 몸의 소망 무언가" (인용된 가사는 역자 직역).

37　John Newton, "Amazing Grace" (1779); 존 뉴턴, 찬송가 305장 "나 같은 죄인 살리신."

38　Christopher Ash, *Remaking a Broken World: The Heart of the Bible Story* (The Good Book Company, 2019), p 163.

39　Charles Wesley, "And Can It Be?" (1738).

사명선언문

너희가 흠이 없고 순전하여……세상에서 그들 가운데 빛들로
나타내며 생명의 말씀을 밝혀 _ 빌 2:15-16

1. 생명을 담겠습니다
만드는 책에 주님 주신 생명을 담겠습니다.
그 책으로 복음을 선포하겠습니다.

2. 말씀을 밝히겠습니다
생명의 근본은 말씀입니다.
말씀을 밝혀 성도와 교회의 성장을 돕겠습니다.

3. 빛이 되겠습니다
시대와 영혼의 어두움을 밝혀 주님 앞으로 이끄는
빛이 되는 책을 만들겠습니다.

4. 순전히 행하겠습니다
책을 만들고 전하는 일과 경영하는 일에 부끄러움이 없는
정직함으로 행하겠습니다.

5. 끝까지 전파하겠습니다
모든 사람에게, 땅 끝까지, 주님 오시는 그날까지
복음을 전하는 사명을 다하겠습니다.

서점 안내

광화문점　서울시 종로구 새문안로 69 구세군회관 1층
　　　　　02)737-2288 / 02)737-4623(F)

강남점　　서울시 서초구 신반포로 177 반포쇼핑타운 3동 2층
　　　　　02)595-1211 / 02)595-3549(F)

구로점　　서울시 동작구 시흥대로 602, 3층 302호
　　　　　02)858-8744 / 02)838-0653(F)

노원점　　서울시 노원구 동일로 1366 삼봉빌딩 지하 1층
　　　　　02)938-7979 / 02)3391-6169(F)

일산점　　경기도 고양시 일산서구 중앙로 1391 레이크타운 지하 1층
　　　　　031)916-8787 / 031)916-8788(F)

의정부점　경기도 의정부시 청사로47번길 12 성산타워 3층
　　　　　031)845-0600 / 031)852-6930(F)

인터넷서점　www.lifebook.co.kr